CHRIS – *„mon choix, mon amour"*. *Jeder Tag mit dir war schöner als der vorige. Du bist, der du zu sein behauptest.*

ELLA, ARIA UND LIV – *meine Töchter, meine kostbaren Engel, mein Herz. Eure Mutter zu sein, ist, was mich in meinem Leben am meisten erfrischt, und meine Tage sind voll Freude, wenn ich nur in eure leuchtenden Augen sehe!*

JETHRO – *dass ich dich für fast neun Monate in mir tragen durfte, ist eines der großen Privilegien meines Lebens. Du hast mir die Augen geöffnet. Ich kann es kaum erwarten, dich wieder in den Armen zu halten, mein Kleiner.*

M. EARL JOHNSON UND JAMES GRUBBS – *vielleicht wirkt es befremdlich, wenn ich euch hier danke, denn ich habe euch beide nicht persönlich kennengelernt. Danke dafür, wie ihr euch euer Leben lang in eure Familien investiert habt. Dass Gott gut ist, war eure tiefe Überzeugung. Ihr habt sie den Menschen mitgegeben, mit denen ihr gelebt habt. Das wird unvergessen bleiben. Als ihr in den Himmel gingt, konnten Chris und ich sehen, wie eure Familien um euch getrauert haben – auf eine heilige, anrührende Weise. Als Jethro in den Himmel ging, waren eure Familien das Vorbild, das wir brauchten, damit unsre Wunden heilen konnten. Ihr habt viel mehr für uns getan, als ich je für möglich gehalten hätte. Danke für euer Vermächtnis.*

ALYSSA QUILALA

Morgen soll wieder mir gehören

Hoffnung,
wenn alles anders kommt

Deutsch von Renate Hübsch

BRUNNEN
Verlag GmbH · Giessen

Titel der Originalausgabe: **Mending Tomorrow**
© 2016 Alyssa Quilala

Bibelzitate folgen, wo nicht anders angegeben, dem *Bibeltext der
Neuen Genfer Übersetzung – Neues Testament und Psalmen*.
Copyright © 2011 Genfer Bibelgesellschaft. Wiedergegeben mit
freundlicher Genehmigung. Alle Rechte vorbehalten.

Weitere verwendete Übersetzungen sind wie folgt gekennzeichnet:
EÜ – *Einheitsübersetzung der Heiligen Schrift* © 1980 Katholische
Bibelanstalt, Stuttgart.
Hfa – *Hoffnung für alle*®. Copyright © 1983, 1996, 2002
by Biblica Inc.®. Verwendet mit freundlicher Genehmigung
von Fontis – Brunnen Basel.
L – *Lutherbibel*, revidierter Text 1984, durchgesehene Ausgabe,
© 1999 Deutsche Bibelgesellschaft, Stuttgart.

© der deutschen Ausgabe: 2017 Brunnen Verlag Gießen
Lektorat: Konstanze von der Pahlen
Umschlagfoto: Newtype Publishing
Umschlaggestaltung: Daniela Sprenger
Satz: Uhl + Massopust, Aalen
Druck: CPI – Ebner & Spiegel, Ulm
ISBN Buch 978-3-7655-4322-7
ISBN E-Book 978-3-7655-7491-7
www.brunnen-verlag.de

Es liegt eine Kraft darin, von jemandem zu lernen, der selbst durchlebt hat, was er vermitteln will. Und genau aus diesem Grund wird Alyssa Quilalas mutiges, schönes Buch das Leben vieler Menschen tief beeindrucken. In „Morgen soll wieder mir gehören" schreibt sie ebenso verletzlich wie kompetent. Sie erinnert uns daran, wie wir uns die Güte Gottes vor Augen halten können, wenn wir gerade im finsteren Tal unterwegs sind. Alyssas Bereitschaft, uns an ihrer Geschichte teilhaben zu lassen, und auch das ergreifende Kapitel von ihrem Mann Chris sind ein wirklicher Segen. Dieses Buch wird vielen Menschen helfen, die Verluste oder Enttäuschung erlebt haben – und es wird uns alle zu einer tieferen Anbetung Gottes führen.
Matt Redman, Sänger, Songwriter und Lobpreisleiter
(„10 000 Reasons")

Ich bin sehr dankbar, dass Alyssa ein Buch darüber geschrieben hat, wie sie nach einem großen Verlust und trotz vieler unbeantworteter Fragen an Gott festgehalten hat. Sie hat ihr Leben für uns offengelegt und lässt uns an ihrer Reise teilhaben – realistisch und ehrlich. So können andere, die schwierige Situationen zu bestehen haben, dieselbe Kraft, Hoffnung und Liebe erfahren wie Alyssa. Nur in Gott sind sie zu finden. „Morgen soll wieder mir gehören" ermöglicht uns einen Blick in das Herz des himmlischen Vaters, der in Verlust und Schmerz ganz nah bei uns ist.
Banning Liebscher, Gründer und Pastor von „Jesus Culture"

Inhalt

Vorwort

„Morgen soll wieder mir gehören" ist ein sehr eindrückliches Buch. Es beinhaltet keine theoretischen Belehrungen, wie man mit Leid fertigwird, und bietet auch keine einfachen Formeln für eine gelingende Verlustbewältigung. Stattdessen nimmt uns Alyssa Quilala mit auf eine Reise, auf der wir den wahren Schatz entdecken: den himmlischen Vater. Ihre Geschichte ist ausgesprochen persönlich und aufrichtig, manchmal schmerzhaft, aber auf jeden Fall befreiend.

In letzter Zeit ist mir ein Vers aus Psalm 84 besonders wichtig geworden: *„Durchqueren sie das Tal der Dürre, so wird es durch sie zu einem Ort mit Quellen, und auch der Herbstregen schenkt dem Tal wieder Fruchtbarkeit"* (V. 7). Wenn ich je ein Buch gelesen habe, das diese tiefe Wahrheit veranschaulicht, dann ist es dieses. Die Quilalas haben den Schmerz über den Verlust ihres Sohnes nie versteckt oder so getan, als sei alles in Ordnung. Es gab Tränen ... viele Tränen. Aber weil sie sich zu Gott geflüchtet haben, statt sich anklagend, zornig oder verbittert von ihm abzuwenden, haben sie erlebt, wie sich dieser prophetische Vers erfüllt hat: Tränen wurden zu Quellen.

Tränen erzählen von Leid, Enttäuschung und Schmerz. Quellen sind Orte der Erneuerung. Die Quilalas haben dem himmlischen Vater trotz ihres Verlustes die Ehre gegeben, haben ihm gedankt. Dadurch konnte aus der Wüste, in der sie sich befanden, eine erquickende Quelle werden. Wie kann so etwas sein? Wie kann unser größter Verlust die Quelle für unseren größten Gewinn werden? Dieses Geheimnis ist so wunderbar und herrlich, dass es uns dazu befähigt, Lobpreis und Dank zu unserem Lebensstil zu machen – egal wie die Umstände gerade sind. Weil *ER* immer derselbe bleibt, ist dies für einen Menschen, der an Gott glaubt, der einzig logische Lebensstil.

Aber dass diese Familie ihre Tränen in erquickende Quellen verwandelt hat, ist nicht alles. Vielmehr endet Chris' und Alyssas Geschichte damit, dass „auch der Herbstregen dem Tal wieder Fruchtbarkeit schenkt". Gott hat das Seine dazugetan: *den Regen seines Segens, seiner Gunst und Wachstum in ihrem Leben.*

Solchen Segen wünschen wir uns alle. Aber wie vielen gelingt es, dem Vater näherzukommen, nachdem sie einen schweren Verlust erlebt haben? Wenn ich in den Enttäuschungen meines Lebens nicht treu bin, dann werden mir vielleicht auch die Segnungen, um die ich bete, nicht anvertraut. Lassen Sie uns alles anstreben, was Gott in diesem Leben für uns bereithält.

Ich war mit den Quilalas und ihren Freunden im Krankenhaus und habe den barmherzigen Gott angefleht, ein Wunder zu tun und ihren kleinen Sohn Jethro wieder zum Leben zu erwecken. Wie Sie auf den folgenden Seiten erfahren werden, kam Jethro nicht von den Toten zurück. Aber mit vielen von uns, die damals dort zusammen waren, ist etwas passiert. Wir haben einen Blick in die Ewigkeit getan – und auf die spürbare Auferstehungskraft von Jesus. Seitdem leben wir in dem Bewusstsein, dass wir für viel Größeres geboren sind als das, was wir jetzt sehen. Die Kraft seiner Auferstehung hat uns in der Seele berührt und wir werden nie mehr dieselben sein.

Begleiten Sie uns auf dieser hoffnungsvollen Reise und erleben Sie selbst, was Gott Ihnen schenkt, damit Sie Ihr Umfeld zu seiner Ehre verändern können.

Bill Johnson
Pastor der Bethel Church in Redding, Kalifornien

1

Trauma und Vertrauen

Dies ist ein Buch, in dem es um Antworten geht. Und das bedeutet: Es handelt auch von vielen Fragen. Nicht so sehr von Fragen, die wir an das Leben stellen: *Warum musste das passieren? Was will ich? Werde ich es bekommen?* Sondern mehr von Fragen, die unser Leben und sein Autor an uns richten. Diese Fragen sind eingebettet in unsere Erfahrungen und lauten: *Was löst das in dir aus? Wie wirst du damit umgehen? Wie solltest du darauf reagieren?*

Die Fragen unseres Lebens werden besonders drängend und drohen uns zu erdrücken, wenn wir Schmerz erleben oder Verlust. Wenn uns etwas widerfährt oder genommen wird, ohne dass wir darauf Einfluss haben, ist die Versuchung groß, in diesen Fragen stecken zu bleiben. Wir können uns endlos mit den Warums und den Wenn-doch-Nurs beschäftigen und es auf diese Weise vermeiden, die Fragen zu beantworten, die wirklich zählen: *Was mache ich jetzt? Wie will ich auf diese Erfahrung reagieren?*

Denn wie wir auf die Fragen des Lebens antworten, ist immer unsere eigene Entscheidung. Oftmals ist es die einzige Wahl, die uns bleibt. Diese Tatsache anzuerkennen, ist der erste Schritt zu Heilung, Ganzheit und allem Guten in diesem Leben. Es ist letztlich der Schlüssel zu Widerstandsfähigkeit, zu Geduld und dazu, dass wir an Schwierigkeiten wachsen und nicht daran zerbrechen. Der österreichische Psychiater Viktor Frankl, der seine gesamte Familie im Holocaust verloren hat und selbst sechs Monate in einem Konzentrationslager überlebte, beschreibt in seinem Buch *Der Mensch vor der Frage nach dem Sinn,* welche Kraft darin liegt, wenn man diese Grundtatsache anerkennt:

> Wir müssen lernen ... dass es eigentlich nie und nimmer darauf ankommt, was wir vom Leben noch zu erwarten haben, vielmehr lediglich darauf: was das Leben von uns erwartet![1] ... Nicht der Mensch sei es, so erklärten wir, der die Frage nach dem Sinn des Lebens zu stellen habe, vielmehr sei es umgekehrt so, dass der Mensch sel-

ber der Befragte ist; dass er selber zu antworten hat; dass er die jeweiligen Fragen, die sein Leben an ihn stellt, zu beantworten hat; nur dass solche Beantwortung immer eine Beantwortung „in der Tat" ist: Nur im Handeln lassen sich die „Lebens-Fragen" wahrhaft beantworten – ihre Beantwortung erfolgt in der Verantwortung unseres Daseins.[2]

Wir werden nie die richtigen Antworten im Leben finden, solange wir nicht die richtigen Fragen stellen und sie verstehen. Aber wir werden nicht einmal anfangen, nach den richtigen Fragen zu suchen, wenn wir nicht wissen: Diese Fragen gut zu beantworten – das ist es, worum es im Leben letztlich geht. Dadurch, wie wir auf die Fragen des Lebens antworten, entscheiden wir uns, entweder die zu werden, als die uns Gott geschaffen hat, oder uns dieser Aufgabe zu widersetzen.

Jede Lebensgeschichte ist einmalig und das Leben stellt uns seine Fragen zu verschiedenen Zeiten und auf verschiedene Weisen. Aber wir können sicher sein: Wir werden alle nach denselben entscheidenden Dingen gefragt, denn hinter all unseren Geschichten steht derselbe Autor. Auf den folgenden Seiten möchte ich Sie teilhaben lassen an dem, was ich gelernt habe, als ich einige Fragen beantworten musste, die das Leben mir gestellt hat. Ich tue das in der Hoffnung, dass es Ihnen Mut macht, wenn Sie die Fragen Ihres eigenen Lebens beantworten müssen.

Die schwerste Frage

Am 1. Dezember 2014 stellte das Leben mir die schwerste Frage, die mir je gestellt wurde.

Es begann an jenem Nachmittag, als mir ein flüchtiger Gedanke durch den Kopf schoss: *Irgendetwas ist anders.*

Ich warf einen Blick auf meinen schwangeren Bauch unter dem Sicherheitsgurt. Chris, mein Mann, saß neben mir auf dem Fahrersitz, unsere Töchter Ella, knapp fünf Jahre, und Aria, 21 Monate alt, glucksten hinter uns in ihren Kindersitzen und knabberten ihre Kekse. Wir hatten einige Tage mit Familie und Freunden verbracht und Thanksgiving gefeiert, freuten uns aber jetzt, wieder nach Redding, Kalifornien, zurückzukommen, um dort unser alljährliches „Friendsgiving"-Dinner zu geben.

Plötzlich wurde mir klar, was mir Sorgen machte.

Jet hat noch nicht gestrampelt.

Der heiß ersehnte Geburtstermin unseres Sohnes Jethro Dylan Quilala – Jet – war bereits in vier Wochen. Die Schwangerschaft war völlig normal verlaufen. Erst vor ein paar Tagen hatte der Arzt bei einer Kontrolluntersuchung versichert, Jethros Herz sei stark, sein Wachstum ausgezeichnet und es gebe nichts, worüber wir uns Sorgen machen müssten. Aber jetzt war es bereits zwei Uhr nachmittags und ich hatte Jet heute noch nicht gespürt. Normalerweise hatte er sich bis zu dieser Uhrzeit schon längst in meinem Bauch bemerkbar gemacht.

Geschrei vom Rücksitz unterbrach meine Gedanken. Aria wollte noch mehr Kekse und Ella fragte zum x-ten

Mal: „Wann sind wir da?" Die Ablenkung ließ mich Jets ungewöhnliche Bewegungslosigkeit gedanklich beiseite- schieben.

Am Abend konnte ich es schließlich nicht länger igno- rieren, dass ich Jet den ganzen Tag nicht gespürt hatte. Schließlich erzählte ich Chris davon. In der nächsten hal- ben Stunde probierten wir alles, was Jet normalerweise in Bewegung brachte: Ich trank kaltes Wasser, massierte meinen Bauch und Chris sang nah an meinem Bauch dem Baby etwas vor. Aber nichts regte sich.

Schließlich sah Chris mich an und fragte: „Sollen wir in die Klinik fahren?"

Ich zögerte, dann nickte ich. „Sicher ist alles in Ord- nung ... aber es würde mich beruhigen."

Weit nach Mitternacht kamen wir in der Notauf- nahme an. Sie schickten uns direkt zur Entbindungsab- teilung. Ich legte mich auf die Untersuchungsliege und beobachtete, wie die Schwester mir Gel auf den Bauch drückte und es mit dem Ultraschallkopf verteilte. Un- willkürlich hielt ich den Atem an, während ich auf Jets Herzschlag wartete – den Herzschlag, den ich noch vor wenigen Tagen gehört hatte – schnell und kräftig.

In dieser Nacht wartete ich ... und wartete. Die Se- kunden vergingen. Doch es war nur Stille zu vernehmen.

Voller Mitgefühl sah mich die Schwester an und schüt- telte den Kopf. „Ich finde keinen Herzschlag, aber dafür kann es auch andere Gründe geben. Ich rufe den dienst- habenden Arzt, er soll noch einmal schallen."

Ich wagte immer noch kaum zu atmen und versuchte

die Panik zu unterdrücken, die langsam in mir aufstieg. *Sie findet keinen Herzschlag.*

Ein paar Augenblicke später war der Arzt da und widmete sich schweigend der Ultraschalluntersuchung, die ich schon so oft erlebt hatte. Bilder von Jet erschienen auf dem Monitor. Aber sie waren anders als die, die ich schon gesehen hatte: Der Monitor zeigte mir ein vollkommen bewegungsloses Baby.

„Es tut mir leid", sagte der Arzt. „Das bestätigt unsere Befürchtung. Kein Puls und keine Bewegung."

„Nein, nein, nein, nein!", schrie ich schluchzend, während Chris meine Hand hielt. „Wir waren doch gerade erst zur Untersuchung hier. Da war alles vollkommen in Ordnung!"

„So etwas passiert manchmal", sagte der Arzt leise, legte den Ultraschallkopf aus der Hand und wischte mir mit einem Papiertuch das Gel vom Bauch. „Wir müssen die Geburt einleiten. Jetzt gleich – oder morgen früh, wenn Ihnen das lieber ist. Ich lasse Sie eine Weile allein, damit Sie sich besprechen können." Seufzend stand er auf und verließ den Raum.

Ich setzte mich auf, schlang die Arme um meinen gewölbten Leib und weinte, wie ich noch nie im Leben geweint hatte. Laute, tiefe Schluchzer schüttelten meinen ganzen Körper. Chris hielt mich in den Armen und seine Tränen vermischten sich mit meinen.

Es war einfach nicht möglich. Wie konnte das voll ausgebildete, gesunde, quicklebendige Baby, das gestern noch munter gestrampelt hatte, jetzt ohne Puls sein? Wie konnte es sein, dass ich acht Monate lang Leben in mir getragen hatte und jetzt auf einmal ... Tod?

Sprachlos und wie betäubt hielten wir uns in jenem Untersuchungszimmer in den Armen, fast eine ganze Stunde lang, unfähig, irgendetwas zu entscheiden. Schließlich beschlossen wir, erst einmal nach Hause zu fahren, Familie und Freunde zu benachrichtigen und zu versuchen, ein wenig zu schlafen.

Verwandte erwarteten uns bereits zu Hause und wachten die Nacht mit uns. Wir lagen uns einfach in den Armen und ließen die Tränen laufen, Stunde um Stunde. Irgendwann kam der Morgen und mit ihm weitere Verwandte und ein paar sehr enge Freunde, darunter Bill und Beni Johnson und Brian und Jenn Johnson. Bill Johnson ist für uns ein geistlicher Vater und ein Mann des Glaubens, der schon viele erstaunliche Wunder gesehen hat – auch dass Babys, die im Mutterleib für tot erklärt worden waren, gesund zur Welt kamen. Voll nüchternem Vertrauen sah Bill mich und Chris an und sagte: „Es ist noch nicht vorbei." Und dann begann er, mit allen Anwesenden um das Leben unseres Sohnes zu beten.

Lobpreis, angeführt von Brian und Jenn, unterbrach unsere Gebete. Chris und ich mussten unaufhörlich weinen, aber unter Aufgebot unserer letzten Kräfte stimmten wir schließlich in den Lobpreis ein und auch in die Lebens- und Segensworte, die über unserem Sohn gesprochen wurden.

Nach einiger Zeit sah Bill, wie aufgewühlt und erschöpft ich war, und legte mir die Hand auf die Schulter. „Du musst dich nicht damit plagen, Alyssa", sagte er ruhig. „Behalte nur die Hoffnung. Die Hoffnung zu behalten, wenn wir am liebsten verzweifeln möchten, gibt Gott Raum zu handeln. Aber du musst dich nicht um ein Wunder bemühen."

Schließlich, gegen 10 Uhr vormittags, beschlossen wir, wieder in die Klinik zu fahren. Alle boten sich an, uns zu begleiten und dort weiterzubeten. Eine halbe Stunde später lag ich in einem Krankenhausbett, wartete darauf, dass die Medikamente, die die Geburt einleiten würden, zu wirken begannen, und fragte mich unsicher, wie lange es wohl dauern würde, den Körper meines Sohnes zu entbinden.

Die Antwort sollte lauten: vierzig Stunden. Vierzig Stunden Albtraum. Vierzig Stunden einer Art Mahnwache und Gebet.

In diesen vierzig Stunden erlebte ich den schlimmsten Schmerz meines Lebens – körperlich, geistig und emotional. Wie die Wehen meinen Körper, so überschwappten meine Seele unkontrollierbare Emotionen wie tosende Wellen, während ich versuchte zu begreifen, dass das, was ich gerade erlebte, qualvolle Realität war. Schock und Unglaube packten mich genauso wie Wut und die widerwärtige Schwere des Todes.

Gleichzeitig war ich in diesen qualvollen Stunden umgeben von Menschen, die ihre Hände und ihre Stimmen in Lobpreis, Fürbitte und Anbetung zu Gott erhoben. Ihre Worte voller Hoffnung, Trost und Glauben veränderten die Atmosphäre in dem Raum. Wie die vier

Freunde, die den Gelähmten durch das Dach Jesus vor die Füße legten, schenkte unsere Gemeinschaft uns ihre Kraft und brachte uns in die Gegenwart Gottes. Unsere Glaubensgeschwister sprachen die Gebete, die ich nicht sprechen konnte, und sangen die Lieder, die mir in der Kehle stecken blieben.

Endlich presste ich zum letzten Mal. Augenblicke später reichte der Arzt mir den in eine Decke gehüllten winzigen, schlaffen Körper meines Sohnes. Chris legte seinen Kopf an meine Wange und wir blickten gemeinsam ins Gesicht von Jethro Dylan Quilala.

Er war vollkommen. Atemberaubend. Er hatte das dunkle, lockige Haar seines Vaters und sein süßer roter Mund, der die Form meiner Lippen hatte, war offen, als würde er atmen. Es fühlte sich genauso an wie die beiden vorigen Male, als ich unsere Töchter zum ersten Mal im Arm gehalten und in ihre bezaubernden Gesichter gesehen hatte.

Aber in unsere Liebe und unser ehrfürchtiges Staunen über Jet mischte sich sogleich die unerträgliche Last der Wahrheit. Er atmete nicht. Endlich hielten wir ihn im Arm – doch nur, um uns von ihm zu verabschieden.

Und meine Antwort?

Während wir Jets Beerdigung arrangierten und den Trauergottesdienst vorbereiteten, trugen uns unsere Familien und unsere Gemeinde auf einer Welle der Unterstützung,

Liebe, Hilfe und Fürbitte. In der Trauerfeier hatte auch der Lobpreis Raum und wir riefen Gottes Treue und seine Güte über unserem Leben aus. Dann fuhren wir nach Hause – und ich musste beginnen, mich der härtesten Frage meines Lebens zu stellen.

Diese Frage lautete: „Jetzt, mitten in diesem Trauma, nach diesem Verlust – willst du Gott vertrauen?"

Die Menschen, die ich liebe, hatten diese Frage bis dahin für mich beantwortet – in unserem Wohnzimmer, im Krankenhaus und auf der Beerdigung. Jetzt war es an mir, meine Antwort zu geben – jetzt konnte ich nicht mehr einfach auf ihrer Welle mitschwimmen. Und während ich die besten Absichten hatte, mit einem klaren „Ja!" zu antworten, musste ich feststellen, dass mich eine neue Herausforderung erwartete.

Das Problem war nicht, dass ich Jets Tod nicht akzeptieren konnte. Ich war unendlich traurig, ja, aber ich kann ehrlich sagen, dass ich zu keinem Zeitpunkt Zorn auf Gott gespürt oder ihn verantwortlich gemacht habe. Nach der Beerdigung gab es immer wieder Menschen, die davon sprachen, Gott habe uns unseren Sohn „genommen". Darauf antwortete ich stets: „Gott ist kein Kindermörder. Er hat uns Jet nicht ‚genommen'. Mein Sohn wurde uns gestohlen, das stimmt – aber Gott hat eine ganze Ewigkeit vorgesehen, um diese schreckliche Situation zu heilen."

Nein, das Problem war vielmehr: Mein Verstand und mein Körper reagierten mit allen Symptomen einer Traumaerfahrung. Jeder Gedanke an die Zukunft versetzte mich in Panik. Es war, als hätte man mir eine Tür gegen den Kopf geschlagen – ich konnte einfach nicht weitergehen. Stattdessen drehten sich wahnwitzige, angstbesetzte Gedanken in meinem Kopf: Würde Gott zulassen, dass ich noch einmal etwas so Traumatisches erleben musste? Wusste er wirklich, wie viel ich aushalten konnte? War es wirklich wahr, dass er mein Leben mit seiner Güte und seinem Wohlgefallen füllen wollte? Und wenn ich dieses Wohlgefallen gar nicht wollte, wenn das bedeutete, dass ich einen solchen Verlust erleben musste? Hatte ich etwas falsch gemacht? War er zornig auf mich?

Die meiste Zeit war mir klar, dass diese Fragen irrational waren, und ich versuchte, sie wegzuschieben und zu ignorieren. Ich widmete mich meinen Mutterpflichten und behielt meine Gewohnheiten bei: Bibellesen, Lobpreis, Gottesdienst und alles, wovon ich hoffte, es würde mir helfen, mich wieder wie ich selbst zu fühlen. Aber sobald jemand etwas sagte wie „Hoffnung" oder „Alles muss zum Besten dienen", zuckte ich zusammen, als seien es Fluchworte. Wie sollte ich Hoffnung haben, wenn doch meine größte Hoffnung sich nicht erfüllt hatte? Wie konnte es noch irgendetwas „Bestes" geben, außer dass ich meinen Sohn zurückbekam – was nicht geschehen würde? Einige Male, wenn mir wieder jemand in bester Absicht einen Bibelvers und ein paar ermutigende Worte um die Ohren schlug, wurde ich so zornig, dass ich dem oder der Betreffenden am liebsten die Faust ins Gesicht geschlagen hätte. Wahrheiten, die ich selbst immer wieder zitiert und zutiefst geglaubt hatte, wurden auf einmal Auslöser für tiefen Schmerz.

Meine Angst zu verdrängen, half in keiner Weise, sie zu mildern. Anders als erhofft, verflog die Schlaflosigkeit, unter der ich seit meiner Rückkehr aus dem Krankenhaus litt, nicht, sondern verstärkte sich. In den seltenen Momenten, in denen ich schlafen konnte, wachte ich von Schmerzen im Kieferbereich auf, weil ich meine Zähne so fest zusammengebissen hatte.

Einige Zeit später bekam ich, so nahm ich zumindest an, eine Magen-Darm-Infektion. Ich hatte Fieber, mein Herz raste und ich hatte Druck und Schmerzen im Unterbauch. In der Notaufnahme machte man verschiedene Untersuchungen und sagte mir schließlich: „Sie zeigen zwar Symptome einer Infektion, haben aber keine. Ihnen fehlt nichts. Sie sind kerngesund. Doch nach dem, was Sie durchgemacht haben, könnte es sich um das Chronische Müdigkeitssyndrom oder eine posttraumatische Belastungsstörung handeln. Der Stress, den Sie erlebt haben, war so groß, dass Ihr Körper jetzt gegen sich selbst arbeitet."

Diese Nachricht legte einen Schalter in mir um. Endlich begriff ich, wie miserabel es mir tatsächlich ging. Ich hatte mir die ganze Zeit eingeredet, ich gebe durch mein Leben Antwort auf die harte Frage, die mir gestellt worden war. Aber dass mein Körper signalisierte, ich sei krank, obwohl ich völlig gesund war, machte mir klar, dass die Angst gerade dabei war, über das Vertrauen zu siegen.

Ich brauchte unbedingt Gottes Nähe. Ich brauchte Befreiung von meinen Ängsten, damit mein mitgenommener Geist und mein erstarrtes Herz heilen und Gott wieder vertrauen konnten.

Als ersten Schritt, um wieder Vertrauen zu gewinnen, wollte ich mir die Beweise für Gottes Vertrauenswürdigkeit vor Augen halten. Ich fasste den Entschluss, die Bibel zu lesen und mir Gottes Güte vor Augen zu führen, bis meine Gedanken und Gefühle diese Wahrheit wieder aufnehmen und dann auch empfinden konnten. Tag für Tag suchte ich in der Bibel nach Antworten, nach den Bibelworten, die ich so dringend hören musste. Und ganz langsam und verborgen begegnete Gott mir darin. Es war, als würden Bibelverse und Bibelabschnitte lindernde Verbände über die klaffenden Wunden meiner Seele legen. Allmählich ließ der Schmerz nach und mein Geist konnte sich wieder dafür öffnen, dass Gottes Herz mir in Liebe zugewandt war. Das Gefühl, verraten worden zu sein, wich der Erkenntnis und Gewissheit, dass nichts unbemerkt an Gott vorbeigegangen war. Er sah nicht nur meinen Schmerz, er spürte ihn. In meinem Schmerz war er mir näher als je zuvor. Ich erlebte die Wahrheit von Psalm 34,19: „Nahe ist der Herr denen, die ein gebrochenes Herz haben. Er rettet alle, die ohne Hoffnung sind."

In dieser Zeit wurde mir eine tief greifende Wahrheit bewusst. Wenn wir erkennen, wie Gott fühlt, wenn wir leiden, ist das der gewichtigste Grund, den wir je finden werden, um ihm zu vertrauen. So viele Menschen leben mit dem Gefühl, dass Gott weit weg ist, wenn sie leiden. Aber das ist das genaue Gegenteil der Wahrheit. Wir können nicht einmal richtig erahnen, wie sehr er uns zugewandt ist und wie nah er bei uns ist, wenn wir leiden. Er ist der Gott, der eine Passion auf sich genommen hat – das Wort bedeutet: Leiden. Und er ist der Immanuel, der „Gott mit uns". Dieses „Mit-uns-Sein" Gottes zu erleben, lässt unsere quälenden Warum-Fragen verstummen. Die Rätsel all dessen, was wir nicht wissen oder verstehen können, verblassen im Licht dessen, was wir mit absoluter Gewissheit wissen können: dass *ER* da ist. Und weil er mit uns leidet, können wir heil werden.

Wie oft frieren wir unsere Gefühle ein und verhindern damit unsere eigene Heilung, weil wir nicht wissen, dass Gott alles, was wir empfinden, am Herzen liegt. Oder wir versuchen, Gefühle wie Freude oder Hoffnung zu erzeugen, weil wir meinen, das werde von uns „erwartet". Aber ich habe in der Zeit, als ich mein Vertrauen wiederzufinden suchte, erkannt: Mein Anteil am Heilwerden war, einfach so zu Gott zu kommen, wie ich war. Ihn interessierte jede Nuance meiner Empfindungen und er wusste genau, wie er meine Seele heilen wollte.

Loslassen

Es war die Autorin Ally Condie, die geschrieben hat: „Letzten Endes kannst du dir nicht immer aussuchen, was du behalten willst. Du kannst dir nur aussuchen, wie du es loslassen willst."[3] Loslassen ist in vieler Hinsicht das Wesen des Vertrauens. In Psalm 46,11 sagt Gott: „Seid stille und erkennet, dass ich Gott bin!" (L). Das hebräische Wort, das hier mit „Seid stille" übersetzt wird, kann auch heißen: „Lasst los." Wenn wir erfahren wollen, dass er in unserem Leben Gott ist, müssen wir alles loslassen, worauf wir sonst noch setzen. Und dann gilt: Loslassen können wir nur mithilfe seiner Gnade. Wir brauchen Gottes Hilfe, um loszulassen, woran wir uns in unserem Bedürfnis, die Dinge zu verstehen und im Griff zu haben, so sehr klammern.

Gott hat Tag um Tag mein Vertrauen zu ihm wieder gestärkt. Und er hat mir die Gnade geschenkt, loslassen zu können – die Fragen, den Schmerz, Bitterkeit, Gekränktsein, falsche Erwartungen darüber, wie mein Genesungsprozess verlaufen sollte. Und mit jedem Loslassen spürte ich, wie seine Liebe und sein Mitleiden mein Herz mehr und mehr erfüllten.

Dann, nachdem ich schon einige Wochen mit immer neuem Loslassen verbracht hatte, kam der Tag, an dem die sanfte, leise Stimme Gottes mich fragte: „Steht es nun wieder gut um deine Seele?"

Zu den Liedern, die Freunde und Verwandte für den Trauergottesdienst vorgeschlagen hatten, gehörte auch „It is well" von Kristene DiMarco. Als ich den Titel auf der Liste sah, erstarrte ich. Sollte ich wirklich diesen Refrain immer wieder singen: „Es steht gut um meine Seele"? Und dann war da noch die Zeile:

Lass los, meine Seele, vertraue auf ihn –
seinem Namen gehorchen Wellen und Wind.

Ich wusste, dass ich diese Worte nicht singen konnte. Es stand definitiv nicht gut um meine Seele und ich hatte keine Ahnung, wie ich loslassen und Gott vertrauen sollte. Also sagte ich ein wenig unwirsch, sie sollten das Lied streichen.

Aber an dem Tag, als Gott mir dieses Lied wieder in Erinnerung rief, wusste ich, dass ich Neuland betreten hatte. Ich war dabei, Gott auf eine Weise kennenzulernen, wie ich ihn zuvor nicht gekannt hatte (eines der Geschenke, für die ich meinem wunderschönen Sohn danke). Und ich konnte nun aufrichtig sagen: „Lass los, meine Seele, vertraue auf ihn." Und nun kam mein Ja auf diese schwerste Frage wirklich aus tiefstem Herzen.

Durch Zufall war ich auch auf die Geschichte des alten Chorals „Wenn Friede mit Gott meine Seele durchdringt" von Horatio Spafford gestoßen, der Vorlage für „It is well" von Kristene DiMarco. Spafford hat ihn 1873 geschrieben, nachdem er auf tragische Weise alle seine Kinder verloren hatte. Er hatte seine Frau und seine vier Töchter mit dem Schiff nach England reisen lassen. Aber das Schiff kollidierte mitten auf dem Atlantik mit einem anderen Schiff und sank. Spafford erhielt ein Telegramm von seiner Frau: „Als Einzige gerettet." Einige Zeit später nahm Spafford dieselbe Route nach Europa. An der Stelle, wo seine Töchter ertrunken waren, schaute er auf die tosenden Wellen und schrieb

Worte voller Hoffnung, die noch Generationen nach ihm gesungen werden: „Wenn Friede mit Gott meine Seele durchdringt, ob Stürme auch drohen von fern, mein Herze im Glauben doch allezeit singt: Mir ist wohl, mir ist wohl in dem Herrn."[4]

Als ich von dieser Geschichte erfuhr, dachte ich: *Wenn dieser Mann all seine geliebten Kinder verloren und trotzdem Gott vertraut hat, dann kann ich das auch.* Und als Gott mich an jenem Tag fragte, musste ich über meine Antwort nicht lange nachdenken: „Ja, Herr", flüsterte ich. „Es steht gut um meine Seele."

2

Der Stachel und der Honig

Der Herr ist meine Kraft,
er hat meine Füße wie Hirschfüße gemacht
[dass ich laufe und nicht vor Angst erstarre]
und führt mich [geistlich weiter] über die Höhen
[von Problemen, Leid oder Verantwortung].

Habakuk 3,19 (L)

Die Bibel lässt keinen Zweifel daran, wie wir mit Tragö-
dien, Versuchungen und Schmerz umgehen sollen. „In
der Welt werdet ihr hart bedrängt", sagt Jesus. „Doch
ihr braucht euch nicht zu fürchten: Ich habe die Welt besiegt" (Johannes 16,33). Ganz ähnlich schreibt Jakobus:
„Seht es als einen ganz besonderen Grund zur Freude
an, meine Geschwister, wenn ihr Prüfungen verschie-
denster Art durchmachen müsst. Ihr wisst doch: Wenn

euer Glaube erprobt wird und sich bewährt, bringt das Standhaftigkeit hervor" (Jakobus 1,2-3). Kurz gesagt: Wir sollten nicht überrascht sein, wenn uns Schlimmes zustößt, sondern darin einen Weg sehen, wie mehr Positives in unser Leben gelangen kann.

Das liest sich gut auf Papier. Aber es zu leben, ist hochgradig beängstigend. Wie um alles in der Welt sollen wir denn Negatives in Positives verwandeln?

Der Verlust unseres Sohnes Jet hat mir die Augen dafür geöffnet, wie viele Menschen glauben, „es als einen Grund zur Freude anzusehen", bedeute, um jeden Preis auch dem Negativen noch etwas Positives abzugewinnen – bis dahin, dass man Positives erfindet, was überhaupt nicht positiv ist.

„Wenigstens war es keine Ihrer Töchter", hat mir ein wohlmeinender Mensch gesagt. „Das wäre noch viel schwerer zu ertragen gewesen."

Ich kann nur sagen: Ich bin heilfroh, dass ich in dem Moment meine Zunge beherrschen konnte, denn hätte ich es nicht getan, wäre nichts Schönes aus meinem Mund gekommen.

Negatives in Positives zu verwandeln, bedeutet nicht, dass wir uns den Verstand verrenken müssen, um irgendwie zu erkennen, dass etwas Negatives gar nicht negativ ist. Es hat mehr damit zu tun, dass wir auf Negatives so reagieren, dass etwas Positives daraus erwachsen kann.

Sie können sich sicher vorstellen, dass dieses Negativ-positiv-Dilemma im Zentrum meines Versuchs stand, mein Vertrauen zu Gott wiederzufinden, nachdem wir

Jet verloren hatten. Erlauben Sie mir also, noch ein paar Schritte zurückzugehen, meinen emotionalen Prozess noch etwas genauer darzustellen und Ihnen Einblick zu geben, wie ich lernte, Schmerz und Verlust „als einen möglichen Grund zur Freude" anzusehen.

Das Negative anerkennen

In den Wochen nach Jets Beerdigung erlebte ich, was viele Menschen erleben, die einen großen Verlust erleiden. Die offizielle Trauerzeit ging vorüber. Beileidsschreiben, vorbeigebrachtes Essen, Grüße von Freunden blieben allmählich aus. Außerhalb des engsten Familienkreises kehrten alle zur normalen Alltagsroutine zurück ... nur für mich begann der eigentliche Trauerprozess gerade erst. Es kam mir so vor, als nähme die Welt um mich herum keinen Anteil mehr an meinem Schmerz – und zwar gerade dann, als ich ihn überhaupt erst richtig zu spüren begann.

Niemand ist mit seinem Schmerz gern allein oder möchte behandelt werden, als sei sein persönlicher Kummer nebensächlich. Wir sehnen uns nach Empathie, Verbundenheit, Bestätigung. Wir fühlen uns schlecht gewappnet, Gefühle wie Zorn, Trauer und Angst zu beherrschen, die mit ganzer Macht über uns hereinbrechen; wir fürchten, wir könnten daran zerbrechen oder dass man von uns erwartet, uns zusammenzureißen und zu funktionieren, wenn wir das doch noch nicht können.

Aber es ist schwer, uns unsere Bedürfnisse ehrlich einzugestehen. Bewusst oder unbewusst geraten wir unversehens in Verhaltensweisen, durch die wir diese Bedürfnisse auf kontraproduktive Weise zu erfüllen suchen.

Manche Menschen versuchen, Schmerz zu bewältigen, indem sie ihn verbergen, in sich aufstauen und sich bemühen, der Welt ein tapferes, glückliches Gesicht zu zeigen. Besonders Christen in Leitungsfunktionen empfinden häufig den Druck, jedem zu beweisen, dass sie jede Prüfung „als einen ganz besonderen Grund zur Freude" ansehen (Jakobus 1,2), und die schmerzlichen Gefühle, die sie in sich tragen, niemanden sehen zu lassen.

Meine Trauer zu verbergen, wäre mir wie Heuchelei vorgekommen. Ich konnte es nicht. Stattdessen umgab ich mich mit einer Aura des Verletztseins, die ich wie einen Mantel um mich legte, egal wo ich auch war. Ich wollte, dass alle wussten, dass mir etwas Schreckliches zugestoßen war und dass ich darunter litt. Aber weil ich meine Leidensgeschichte nicht jedem überall erzählen konnte, fand ich andere Möglichkeiten, sie zu kommunizieren. Wenn der Barista bei Starbucks mir ein Lächeln schenkte, warf ich einen empörten Blick zurück. Wenn mir jemand „Einen schönen Tag!" wünschte, kommentierte ich das mit einer bissigen Bemerkung. Ich ignorierte E-Mails von Freunden oder Verwandten, die mich aufmuntern wollten. Meine Umwelt mochte noch so viele Botschaften senden, dass das Leben gut ist und alles in Ordnung war, ich musste sie irgendwie entkräften. Am liebsten hätte ich geschrien: „Nichts ist in Ordnung!"

Je mehr ich mir dieses Verhalten angewöhnte, umso berechtigter kam es mir vor. Mein Schmerz, so empfand ich es, gab mir die Erlaubnis, mich so zu verhalten, dass meine Umwelt den Schmerz teilen musste. Alle sollten auf Zehenspitzen um mich herumschleichen und den Kokon respektieren, den ich um meine Wunde gesponnen hatte – damit niemand meinen Schmerz als belanglos abtun oder mir etwa helfen konnte. Ich weigerte mich, so zu tun, als sei meine schlimme Erfahrung gar nicht schlimm, und ich wollte, dass die Welt mir bestätigte, wie schrecklich alles war.

Aber je mehr ich mich anstrengte, meine Umwelt dazu zu bringen, mich zu schonen und meinen Schmerz anzuerkennen, umso mehr drehte ich mich nur noch um diesen Schmerz. Ich konnte an nichts anderes mehr denken. Ganz allmählich und ohne dass es mir bewusst war, war ich selbst zum Mittelpunkt meiner Welt geworden. Natürlich kam ich meinen Aufgaben als Ehefrau und Mutter routinemäßig nach, aber aus den Beziehungen zu den Menschen um mich her hatte ich mich fast gänzlich zurückgezogen und lebte wie betäubt und in einer Art Zombie-Zustand.

Eines Morgens lief ich wieder einmal in dieser Zombie-Haltung durchs Haus. Da stellte sich meine Tochter Ella, die keineswegs auf den Mund gefallen ist und es liebt, die Dinge beim Namen zu nennen, vor mich hin, sah mich herausfordernd an und fragte: „Wenn du einen schlechten Tag hast, warum muss ich dann auch einen haben?"

Mir blieb die Spucke weg. Ich reagierte beleidigt: „Du kannst ruhig einen guten Tag haben, auch wenn ich traurig bin", gab ich zurück. „Meine Gefühle ändern ja nichts an deinen Gefühlen."

Ellas Blick wich mir keinen Millimeter aus. „Also ich versuche wirklich zu lachen oder wenigstens zu lächeln", sagte sie. „Aber wenn ich immer nur dein muffeliges Gesicht sehe, werde ich auch ganz muffelig."

Ich war sprachlos! Meine Fünfjährige hatte mir gerade gehörig den Marsch geblasen.

Ellas Unverblümtheit riss mich aus meinem Selbstmitleid. Plötzlich erkannte ich, dass meine Art der Trauerbewältigung die Menschen verletzte, die ich am meisten liebte. Ich hatte zugelassen, dass der Verlust meines Sohnes meinen bezaubernden Töchtern die Mutter geraubt hatte, die sie brauchten. Meine Gefühle änderten *sehr wohl* etwas an ihren Gefühlen. Ich versprühte in meiner Umgebung lähmendes Gift – das hatte meine Tochter instinktiv erkannt und gespürt.

Meine schlimme Erfahrung, so sah ich nun ein, gab mir keinen Freifahrtschein, mich zu benehmen, wie es mir passte. Ich war verantwortlich dafür, wie ich meine Trauer bewältigte, und musste etwas ändern. Wie ein Zombie herumzuschleichen, war keineswegs – wie ich mir eingeredet hatte – ein „echter" Ausdruck meines Schmerzes. In Wirklichkeit war es der Versuch, meine gesamte Umwelt zu zwingen, sich mit meiner Trauer zu beschäftigen – statt es selbst zu tun.

Wie also konnte ich authentisch und verantwortungsvoll mit meinen negativen Gefühlen umgehen? Wie konnte ich anfangen, wieder eine gesunde emotionale Atmosphäre zu schaffen und meinen Töchtern ein gutes Beispiel für emotional verantwortliches Verhalten zu geben?

Der die Antwort kennt

Ich wusste: Die Antwort lag darin anzufangen, Gott in meinen Schmerz hineinzulassen. Und das hieß: Ich musste mich verletzlich machen und ihm vertrauen – etwas, das keineswegs einfach für mich war. Aber nach Ellas offenen Worten und angesichts meiner stressbedingten Gesundheitsprobleme wünschte ich mir nichts sehnlicher, als wieder festen Boden unter den Füßen zu haben. Also nahm ich meinen Mut zusammen und fasste den Entschluss, Gottes Nähe wieder zu suchen, die Bibel zu lesen und zu beten.

In dieser Zeit sprach mich ein Bibelwort ganz besonders an:

Du hast dir genau gemerkt, wie oft ich nun schon auf der Flucht war.
Du kennst jede meiner Tränen.
Ist nicht die kleinste Einzelheit in deinem Buch festgehalten?
Psalm 56,8

Als mir zum ersten Mal aufging, was diese Verse besagten, traf es mich wie ein Schlag: Ich hatte versucht, all meine Mitmenschen dazu zu bringen anzuerkennen, wie wenig „okay" meine Situation war – und hatte mich gleichzeitig von dem Einzigen ferngehalten, der meine Erfahrung so ernst nahm, dass er jede einzelne meiner Tränen auffing und darüber Buch führte! Diese Offenbarung, dass Gott absolut genau wusste, wie es mir ging, und dass es ihm wichtig war, befreite mich mit einem Mal von der anstrengenden Doppelaufgabe, meinen Schmerz anzuerkennen und ihn gleichzeitig zu erleiden. Es war, als sagte Gott zu mir: „Ich weiß, wie schlimm es ist. Um die Wahrheit zu sagen: So schlimm, dass nur ich dir helfen kann. Nur ich kann die ganze Last dieser Trauer für dich tragen. Willst du sie mir nicht geben?"

Ich verbrachte sehr viel Zeit mit den Psalmen und fing an zu lernen, Gott meinen Schmerz tragen zu lassen. Wenn man die Psalmen liest, kann man gar nicht übersehen, wie ehrlich die Psalmbeter ihre Gefühle vor Gott ausbreiten. Wieder und wieder wird die Seele des Beters offengelegt und die ganze Bandbreite menschlicher Gefühle im Zusammenhang mit Trauer und Schmerz findet Ausdruck: flammender Zorn, lähmende Angst, beklemmende Trauer.

Die meisten Menschen verwenden nicht gern allzu viel Zeit auf diese Verse. Wir nehmen sie meist kurzatmig zur Kenntnis und eilen weiter zu den siegreichen Lobpreispsalmen oder Bekenntnissen der Hoffnung. Aber mein eigener Weg durch das Leid ließ mich erkennen, wie viel Kraft darin liegt, dass der Psalmist so un-geschützt und offen mit Gott spricht. Es ist schwer, ganz offen zu sein, wenn wir nicht sicher sind, dass unser Gegenüber dem, was wir zu sagen haben, gewachsen ist. Dass der Psalmist es fertigbringt, Gott zuzurufen: „Das stinkt zum Himmel und ich sag dir auch, warum!" – das ist in Wahrheit ein Ausdruck des Vertrauens, dass Gott wirklich versteht, dass es ihm wichtig ist und dass er uns in unserem Leid niemals straft oder verurteilt. Er ist unserem Leid gewachsen – als Einziger.

Freude und Dankbarkeit

Ich bin mir nicht sicher, ob jemand wirklich aufhören kann, sich auf seinen Schmerz zu konzentrieren und seine Welt davon bestimmen zu lassen, solange er den nicht kennt oder gefunden hat, der allein unserem Leid gewachsen ist. Intensiver Schmerz verlangt automatisch unsere ganze Aufmerksamkeit. Leid kann das Schlechteste in uns zum Vorschein bringen, indem es den Blick so einengt und uns nur noch auf den Schmerz starren lässt, dass wir überhaupt nichts Gutes mehr wahrnehmen und nur noch unsere innere Not sehen. Aber als ich begann, meine Fragen, Gefühle und Tränen Gott hinzulegen, bröckelte die selbstbezogene Perspektive, in der ich gefangen war. Jetzt konnte ich wieder auf Gott schauen, statt nur auf mich selbst. Und diese Blickrichtung ließ mich nicht nur Gott und seine Güte wieder klarer erkennen, sondern auch all das Gute in meinem Leben, das ich ignoriert oder einfach nicht hatte schätzen können, solange ich nur auf mein Leid starrte.

Es stimmt: Wir können nicht so tun, als sei etwas Negatives eigentlich positiv. Aber es stimmt ebenfalls, dass das Negative das Gute in unserem Leben nicht durchstreicht, das es auch gibt. Jet zu verlieren, bedeutete ja nicht, dass ich nicht immer noch einen wunderbaren Mann, zwei lebhafte, entzückende Töchter, Freunde, Verwandte und eine wunderbare Gemeinde hatte. All das Gute, das unser Leben vor diesem Verlust ausgefüllt hatte, war ja noch da.

Einer der Gründe, warum Bitterkeit in der Tat eine Sünde ist, liegt darin, dass sie uns dazu verführt, die guten Gaben Gottes zu übersehen oder sogar zu verachten. Bitterkeit macht aus dem Schmerz einen Götzen. Ich musste mich nicht nur bei meiner Tochter entschuldigen, als sie mich auf mein Verhalten aufmerksam gemacht hatte – ich musste auch von meinem sturen Beharren umkehren, dass mein Verlust das Wichtigste in meinem Leben war. Auf meiner Suche nach Bestätigung für mein Leid war ich auf den gefährlichen Weg geraten, meine schlimme Erfahrung über alles andere zu stellen, sogar über Gott. Wie gut, dass meine einsichtige und unverblümte Tochter und die Wahrheit der Bibel mir halfen, meine negative Erfahrung wieder auf den ihr angemessenen Platz zu verweisen.

Nachdem ich wieder einen Blick für das Positive in meinem Leben hatte, war ich auch fähig zu tun, was der 1. Thessalonicherbrief als den „Willen Gottes" beschreibt: „Freut euch, was auch immer geschieht! Lasst euch durch nichts vom Gebet abbringen! Dankt Gott in jeder Lage! Das ist es, was er von euch will und was er euch durch Jesus Christus möglich gemacht hat" (5,16-18). Viele Menschen stolpern über diese Worte. Wie soll man sich „in jeder Lage" freuen oder Gott danken, auch wenn man sich schrecklich fühlt?

Freude und Dank sind nicht in erster Linie emotionale Reaktionen. Es sind vielmehr Willensakte, durch die wir unseren Blick auf Gott und auf seine Güte in unserem Leben richten. Wir können erklären und bekennen, dass Gott gut ist, wir können seine Segnungen aufzählen, Loblieder singen und sogar als Reaktion auf Gottes Güte tanzen und springen, auch ohne dass wir diese Güte in diesem Moment „fühlen". Aber wenn wir das lange genug tun, dann wird die Wirklichkeit der Güte Gottes schließlich auch unsere Emotionen erreichen und uns auch das *Gefühl* von Freude und Dankbarkeit schenken. Gesunde Emotionen kultiviert man, indem man sich bewusst entscheidet, worauf man seinen Blick richten will.

Kreise ziehen

Es war wirklich aufschlussreich für mich zu beobachten, wie meine Umwelt auf eine Alyssa reagierte, die sich wieder sehen ließ und mit einem aufrichtigen Lächeln davon sprach, wie gut Gott ist, auch wenn dabei manchmal noch die Tränen flossen. Und ich war nicht allzu überrascht, wie glücklich Chris, Ella und Aria darüber waren, dass der missmutige Zombie aus unserem Haushalt verschwunden war. Aber mein Erstaunen wuchs noch beträchtlich, als ich erlebte, wie viele Menschen immer wieder auf mich zukamen und mir sagten, wie sehr ich sie ermutigt und ihnen Hoffnung gegeben hätte und dass ich der Grund sei, dass auch sie in leidvollen Situationen an Gott und seiner Güte festhalten konnten.

Zu sehen, welche „Kreise" mein Verhalten in meiner Umwelt zog, half mir zu verstehen, welch große Wirkung der einfache Schritt hatte, meinen Blick von meinem Leid fort und auf Gott zu lenken. Ich empfand ganz neu, über welche Macht ich wirklich verfügte. Als ich mich in meinen Mantel aus Verletztsein gehüllt hatte, hatte ich auch versucht, Macht auszuüben und Mitleid zu provozieren. Aber als ich meinen Blick auf Gott und sein Wort richtete, war es, als ob er mir einen neuen Mantel reichte, einen Mantel der Kraft. Ich musste mir gar nicht einreden, dass ich Macht hatte; ich hatte Macht durch ihn. Ich begeisterte mich dafür, diese neue Stärke einzusetzen, damit andere davon profitieren konnten, dafür, das „Positive" weiterzugeben, das durch meinen gesünderen Umgang mit dem Negativen in mein Leben gekommen war. Und wie als Reaktion auf meine veränderte Haltung gab es immer häufiger Gelegenheiten, andere zu ermutigen oder zu trösten, und ich nahm sie wahr, wo ich sie bemerkte.

Dann, vier Monate nachdem wir Jet verloren hatten,

erhielt ich einen Anruf von dem Mann einer Freundin aus der Gemeinde. Sie waren gerade für die Vorsorgeuntersuchung in der 34. Schwangerschaftswoche in der Klinik und hatten erfahren, dass ihr Baby, ein Junge, keinen Herzschlag mehr hatte. Ob ich bereit sei, ins Krankenhaus zu kommen und bei ihnen zu sein, wenn die Geburt eingeleitet wurde?

Es konnte für mich keinen Zweifel geben: Meiner Freundin in dieser Situation beizustehen, würde für mich entsetzlich schmerzhaft sein. Aber ich wusste auch: Wenn ich jetzt nicht für sie da sein konnte, würde das bedeuten, dass ich den nächsten Schritt auf meinem eigenen Heilungsweg verweigerte; dass ich die neue Kraft, die ich in meinem Leben spürte, nicht zum Zuge kommen ließ. Die Frau, die ich vor dem Verlust von Jet war, wäre zu ihrer Freundin in die Klinik gefahren. Ich wollte, dass die Frau, die ich nach dem Verlust von Jet mehr und mehr wurde, nicht nur ins Krankenhaus fuhr, sondern umso besser trösten konnte, weil sie selbst ähnliches Leid erlebt hatte. Ich wollte mehr geben können, nachdem ich Jet verloren hatte, nicht weniger.

Während der ganzen Geburt blieb ich bei meiner Freundin. Dann sah ich, wie sie ihren Sohn, der nicht atmete, in den Armen hielt – genau wie ich es getan hatte. Alles, was ich geben konnte, legte ich in mein Gebet und in tröstende Worte. Und wie durch ein Wunder schaffte ich das sogar, ohne eine einzige Träne zu vergießen.

Natürlich wusste ich: Sobald ich wieder zu Hause war, würde ich mich der Tatsache stellen müssen, dass ich gerade die schrecklichste Erfahrung meines Lebens noch einmal durchlebt hatte. Tatsächlich ging ich nach diesem Ereignis zwei Tage lang nicht aus dem Haus. Ich weinte viel und schüttete Gott mein Herz aus. Aber dieses Trauern war anders als meine Trauer vier Monate zuvor. Ich wusste jetzt, wohin mit meinem Schmerz. Und nachdem die Tränen versiegt waren, konnte ich Gott danken für seine Treue und für meinen wunderschönen Sohn, der mir die Chance gegeben hatte, eine stärkere und mitfühlendere Frau zu werden.

Die Macht der Entscheidung

Ein schwedisches Sprichwort sagt: „Die Biene hat einen Stachel, aber der Honig auch." Es ist ein Bild dafür, wie das Leben uns begegnet. Wir werden Positives und Negatives nie fein säuberlich voneinander trennen können. Wenn wir das Leben voll und ganz leben wollen, müssen wir die Fähigkeit entwickeln, es so zu nehmen, wie es kommt – Freude und Leid, bitter und süß. Der Stachel der Biene kann uns genauso wachsen lassen wie der Honig, wenn wir lernen, gut auf das eine wie auf das andere zu reagieren.

Ich habe früher von einer Welt geträumt, in der sich nach dem Aufwachen ein Bildschirm öffnet, auf dem ich meine Stimmung für den Tag auswählen kann: „ruhig, nachdenklich, heiter", „aufregend, fantastisch" oder „romantisch und entspannt". Auf diese Weise würde ich in jeder Lage gelassen bleiben, egal, ob die Kinder sich stritten oder ich im Stau stecken blieb. Ich wüsste ja, dass mein Tag nicht schiefgehen konnte, weil ich ihn ja schon auf „Gelingen" programmiert hatte.

Natürlich ist es eine unrealistische Fantasievorstellung, dass wir unsere Lebensumstände auf diese Weise beeinflussen können. Dennoch müssen wir uns nicht komplett von unseren Lebensumständen bestimmen lassen; das hat mir mein emotionaler Heilungsweg deutlich gemacht. Wir haben alle die Freiheit zu entscheiden, wie wir reagieren wollen. Wir können gesunde Emotionen kultivieren, indem wir alles Negative Gott hinlegen und unseren Blick auf ihn und auf seine unerschöpfliche Güte richten. Wir können jeden Stachel, den das Leben uns spüren lässt, vom Heiligen Geist mildern lassen, sodass das Leben, selbst im Leid, wieder schön und lebenswert wird.

3

Durch den Schmerz hindurch

Vor einem schlimmen Gerücht hat er keine Angst;
sein Herz ist zuversichtlich, voll Vertrauen
auf den Herrn.
Psalm 112,7

Bevor wir Jet verloren, hatte ich nicht wirklich gewusst, wie es ist, extreme innere Anspannung oder Angst zu erleben. Als Mutter achtete ich natürlich auf meine Töchter, auf ihre Ernährung, Gesundheit, Sicherheit und Erziehung. Aber ich machte mir selten Sorgen über mögliche Gefahren oder gar Katastrophen.

In den Wochen nach dem Trauma sah das anders aus. Mein Leben, das einmal sicher und geborgen gewesen war, erschien mir plötzlich voller bedrohlicher Gefahren, und wenn ich nur lange genug an eine mögliche Gefahr dachte, konnte das eine Panikattacke auslösen. Ein Gedanke, der mich nachts wach liegen ließ, war: „Wenn mein Sohn sterben kann, obwohl es keinen medizinischen Grund dafür gibt, dann können auch meine anderen Kinder plötzlich und ohne Grund sterben." Nacht für Nacht hielt mich meine Angst wach und ich wartete nur darauf, dass eine meiner Töchter zu weinen begann. Ich stellte mir ein Babyfon neben das Bett. Wenn ich auch nur das leiseste Husten von einem der Mädchen hörte, konnte ich den Gedanken nicht mehr abschütteln, es hätte Lungenkrebs. Ich malte mir diese Fantasievorstellung in Gedanken aus, bis ich vor mir sah, wie wir monatelang im Krankenhaus lebten und unsere Tochter immer schwächer wurde und schließlich mit einem letzten schmerzhaften Atemzug verstarb.

Ich weiß, es klingt verrückt. Aber solche Dinge macht die Angst mit uns. Die Angst nimmt eine einzige schlimme Erfahrung und kapert damit unseren Verstand, sodass er aus dieser einen Erfahrung eine Regel macht, womit wir im Leben besser rechnen sollten. So irrational, wie Angst ist, so schwer kann es sein, ihr zu widerstehen. Das, was wir uns in unseren schlimmsten Träumen nicht gewünscht haben, ist geschehen und es hat wehgetan – sehr weh. Und nun sind all unsere Sinne, unser Unterscheidungsvermögen und unsere Schutzmechanismen komplett durcheinander. Alles in uns ist in Habachtstellung, bereit, den Alarmknopf zu drücken, wenn irgendetwas auftaucht, das uns noch einmal einem solchen Schmerz aussetzen könnte.

Die Lektion des Gartens

Der Wunsch, dass die Furcht und Ängstlichkeit, die eine schmerzliche Erfahrung in uns hinterlassen haben, sich allmählich von selbst wieder geben, ist verführerisch. Irgendwann müssen unsere Gedanken und Emotionen doch von selbst wieder auf einen gesunden Normalzustand zurückfahren! Aber jeder Heilungsprozess, ob körperlich, geistig, emotional oder geistlich, verlangt von uns bestimmte Entscheidungen, damit er erfolgreich verlaufen kann. Wenn wir uns schneiden, muss die Wunde gereinigt und verbunden werden. Der Verband schützt die Wunde, während sie heilt. Lässt man die Wunde unversorgt, besteht die Gefahr einer Infektion, die schlimmstenfalls sogar lebensbedrohlich werden kann.

Ganz ähnlich ist es mit Furcht und Ängstlichkeit als Folge einer traumatischen Erfahrung: Wenn man sich nicht um diese Symptome kümmert, verursachen sie am Ende genauso viele, wenn nicht sogar mehr Probleme als das auslösende Ereignis. Jeder, der schon einmal Seelsorge oder Beratung in Anspruch genommen oder einen inneren Heilungsprozess erlebt hat, wird das wissen. Jedes größere Problem, mit dem Menschen zu kämpfen haben – Suchterkrankungen, Angst vor Nähe, lähmende Unsicherheit, Scham, Schuldgefühle –, ist Folge einer schmerzhaften Erfahrung, die nicht richtig ausgeheilt ist. Und warum ist sie nicht ausgeheilt? Weil der oder die Betroffene auf die Angst gehört und das ganze Leben darauf ausgerichtet hat, Schmerz zu vermeiden, sich selbst zu schützen – mit allen Mitteln, außer der Hilfe Gottes.

Ich bin überzeugt: Jede Heilung im Universum hat ihren Grund in Gott. Er ist der Einzige, der uns eine andere Antwort auf Schmerz und Angst anbietet – eine Antwort, die uns nicht nur vollständig wiederherstellt, sondern uns auch für die Zukunft widerstandsfähiger macht. Das Problem ist nur: Die meisten von uns tun sich ausgesprochen schwer damit, mit ihrem Schmerz zu Gott zu gehen – und dieses Problem lässt sich zurückverfolgen bis zum Garten Eden.

Soweit wir wissen, kannten Adam und Eva weder Schmerz noch Angst – bis sie sündigten. Die Sünde öffnete die Tür für alles, was in dieser Welt leidvoll ist: Krankheit, Gebrechen, Geburtswehen, Beziehungskrisen, Grausamkeit, Naturkatastrophen und mehr. Aber all das trat erst auf den Plan, nachdem Adam und Eva erlebt hatten, was wohl der unerträglichste Schmerz ist, den Menschen erleiden können: der Schmerz von Scham und Schuld. Der Schmerz der Scham brachte Adam und Eva dazu, sich vor Gott zu verstecken. Der Schmerz der Schuld trieb sie zu dem Versuch, die Schuld auf jemand anderen abzuschieben. Und seither sind diese beiden aus Angst geborenen Reaktionen auf Schmerz – sich verstecken oder die Schuld abschieben – klassische Weisen, wie Menschen auf Schmerz und Leid reagieren.

Was die Menschheit vor allem gelernt hat, ist, sich vor Gott zu verstecken und ihm die Schuld zuzuschieben. Ob das Leid, das uns trifft, eine Folge unserer eigenen Sünde oder der Tatsache ist, dass wir in einer gefallenen, unheilen Welt leben, es lehrt uns eine Lektion: Wir leben nicht an einem sicheren Ort. Eine Menge Leute sind der Meinung, das bedeutet, dass derjenige, der das Ruder in der Hand hält, entweder gerade Pause macht oder nicht gut ist. „Wie kann ein guter Gott das zulassen?", fragen sie. „Warum verhindert er nicht, dass all das Schlimme geschieht?" Es ist ganz natürlich, diese Fragen zu stellen. Aber das Problem ist: Viele Menschen glauben nicht mehr, dass Gott ihnen eine einleuchtende Antwort darauf geben könnte. Sie lehnen Gott ab, suchen Trost und Schutz woanders und versuchen, das Steuer ihres Lebens in der Hand zu halten. Und obwohl ganze Jahrhunderte belegen, dass dieser Ansatz nur zu noch mehr Schmerz und zu Abhängigkeit führt, halten sie hartnäckig daran fest.

Aber Gott hat eine Antwort auf die Frage, warum er es zugelassen hat, dass seine Kinder sündigen und damit eine Welt voller Leid für sich selbst heraufführen können. Einfach gesagt: Gott möchte sich mitten in dieser gefallenen Welt als ein guter Vater offenbaren. Er möchte uns in eine Beziehung zu ihm hineinziehen, in der er uns lehrt, wie man Leid und Angst überwindet, statt daran zu zerbrechen. Aber es gibt nur einen Weg, auf dem seine Antwort uns einleuchten wird: Wir müssen sie selbst erfahren. Und damit das geschehen kann, müssen wir ihn bitten, in unser chaotisches und leidvolles Leben zu kommen und uns zu helfen, uns unserem Schmerz und unserer Angst zu stellen – *zusammen mit ihm.*

Ein guter Vater

Wieder einmal war es ein Erlebnis mit einer meiner Töchter, das Gott benutzte, um mich einzuladen, den Kampf gegen meine Angst aufzunehmen.

Ich war im Wohnzimmer und legte Wäsche zusammen, als ich eine Stimme rufen hörte.

„Mama, komm! Du helfen! Ich du helfen brauch."

Für den Fall, dass Sie nicht Zweijährisch sprechen: Das war Arias Weise zu sagen: „Ich brauche Hilfe." Ich rannte in die Küche und fand meine kleine Tochter auf dem Küchentresen, Hände und Mund schokoladeverschmiert. Irgendwie war es ihr gelungen, auf den Tresen zu klettern und an den verbotenen Süßigkeitenschrank zu kommen. Dass sie nicht allein wieder hinunterkommen würde, war ihr nicht klar gewesen.

Als Aria meine Miene sah, wurde sie traurig. Sie wusste genau, dass sie auf frischer Tat ertappt worden war, und das gleich bei zwei verbotenen Dingen. Leise und betroffen sagte sie: „Mama, leidtut. Ich du helfen brauch."

Ich half ihr vom Tresen, wischte ihren Mund und ihre Hände ab, hielt ihr einen kleinen Vortrag, wie gefährlich die Kletterei ist und dass sie Schokolade haben könne, aber nur mit meiner Erlaubnis. Dann schickte ich sie in eine kurze Auszeit. Wieder mit meiner Wäsche beschäftigt, schaltete mein Hirn in einen paranoiden Gedankenschleudergang voller „Was-wenns". *Was, wenn Aria nicht um Hilfe gerufen hätte? Was, wenn sie vom Tresen gefallen wäre und sich verletzt hätte?* Ich musste gegen den Drang ankämpfen, einen Schutzballon zu kaufen und Aria hineinzustecken, wenn ich sie nicht im Blick haben konnte. *Oder sollte ich vielleicht alle Oberflächen im ganzen Haus mit Luftpolsterfolie abdecken?*

Aus dem Gedankenwirrwarr schälte sich ein Bibelwort in den Vordergrund und unterbrach die anschwellenden Sorgen: „Wenn also ihr, die ihr doch böse seid, das nötige Verständnis habt, um euren Kindern gute Dinge zu geben, wie viel mehr wird dann euer Vater im Himmel denen Gutes geben, die ihn darum bitten" (Matthäus 7,11).

Ich begann, auf den Worten herumzukauen. Ein neues „Was-wenn" fiel mir ein: *Was, wenn Aria zuerst zu mir gekommen wäre und mich um Schokolade gebeten hätte?* Und sofort wusste ich, wie ich reagiert hätte. Ich wäre in die Küche gegangen und hätte ihr ein Stück Schokolade gegeben. Eine Gefahr und ein schokoladeverschmiertes Kind hätte es nicht gegeben.

Es stimmt, dachte ich. *Ich weiß, wie ich meinen Kindern Gutes geben kann – und ich möchte, dass sie das auch wissen. Ich möchte nicht, dass meine Kinder Angst haben, was wohl passieren wird, wenn sie mich um etwas bitten. Ich möchte, dass sie immer sicher sind, dass ich nur ihr Bestes im Sinn habe. Und ich möchte erleben, dass sie nur das Beste bekommen!*

Aber kaum hatte ich so weit gedacht, schoss mir eine weitere Frage durch den Kopf: *Wenn Gott also viel besser weiß, wie er uns Gutes geben will, als ich das für meine Mädchen weiß, warum wende ich mich dann nicht so oft an ihn, wie ich mir wünsche, dass meine Kinder sich an mich wenden sollen? Wie oft habe ich schon festgesteckt, weil ich unbedingt alles allein hinkriegen wollte, statt ihn um Hilfe zu bitten?*

Ich war überführt und begann, Gott mein Herz auszuschütten: *Ich weiß, dass du ein guter Vater bist. Aber meinen Sohn zu verlieren, das hat mich so erschreckt. Ich weiß nicht, wie ich mit meiner Angst und meiner Anspannung umgehen kann. Ich fühle mich nicht sicher, nicht geschützt. Ich weiß nicht, wie ich aufhören kann, mich gegen einen weiteren Verlust zu wappnen. Und ich weiß auch nicht, wie ich all die paranoiden Gedanken abstellen kann, die mich Tag und Nacht quälen.*

Als Antwort auf dieses Eingeständnis erinnerte mich Gott an ein weiteres Bibelwort: „Gott hat uns nicht einen Geist der Ängstlichkeit gegeben, sondern den Geist der Kraft, der Liebe und der Besonnenheit" (2. Timotheus 1,7). Im selben Augenblick begann sich meine innere Welt wieder zu ordnen. Es war, als hätte Gott ein Schwert geschwungen und säuberlich zwei Dinge getrennt, die sich für mich miteinander verbunden hatten: die leidvolle Erfahrung, ein Kind zu verlieren, und meine Angst davor, dass sich ein solcher Schmerz wiederholen könnte. Es war, als würde er zu mir sagen: „Die Lektion, die du aus dieser schlimmen Erfahrung lernen kannst, ist nicht Angst. Du hast eine andere Option, denn mein Geist lebt in dir: der Geist der Kraft, der Liebe und der Besonnenheit. Mein Geist macht dich fähig, dein Leid zu verarbeiten und vertrauensvoll weiterzugehen, weil du weißt: Egal, was passiert, ich bin bei dir. Noch nie bist du deinen Weg allein gegangen und wirst es auch in Zukunft nicht. Du kannst immer zu mir kommen."

So klar zu erkennen, dass Gottes Herzenswunsch für mich nicht war, dass ich in der Angst stecken blieb, brachte mich einen großen Schritt weiter auf meinem Weg heraus aus posttraumatischen Angstzuständen. Ich erlebte zwar noch monatelang immer wieder Momente von Stress und Panik, aber die Attacken wurden kürzer und weniger intensiv, weil ich wusste, was ich tun musste. Bevor sich meine Gedanken im Hamsterrad meiner „Was-wenns" festfahren konnten, unterbrach ich sie und machte mir erneut klar, dass ich nicht auf den Geist der Ängstlichkeit hören wollte. Und dann rief ich meinen Vater zu Hilfe, so wie Aria mich gerufen hatte: „Ich du helfen brauch." Und zuverlässig redete er mit seiner Wahrheit zu meinem Herzen und brachte meine ängstlichen Gedanken zur Ruhe. Ich schlief besser, ich fühlte mich besser und allmählich hörte ich auf zu glauben, ich würde verrückt werden.

Mit allem zu ihm kommen

Es kann schlicht und einfach nicht sein, dass Gott uns *nicht* zu Hilfe kommt, wenn wir ihn um Hilfe anflehen. Unser Vater wünscht sich von uns dasselbe, was auch ich mir von meinen Töchtern wünsche. Er möchte, dass wir mit allem zu ihm kommen, wirklich mit allem, damit wir lernen, unseren Weg gemeinsam mit ihm zu gehen. Das ist die Einladung, die er jedes Mal ausspricht, wenn er uns mitten in unserem Schmerz und unserer Ohnmacht begegnet.

Wir werden in der Bibel kein einziges Beispiel dafür finden, dass jemand in enger Gemeinschaft mit Gott gelebt und erstaunliche Dinge vollbracht hat, der nicht auch Zeiten – und manchmal sehr lange Zeiten – erlebt hat, in denen das Leben chaotisch, verwirrend, leidvoll, anstrengend, enttäuschend, katastrophal oder regelrecht entsetzlich war. Josef hat dreizehn Jahre erlebt, in denen er von seinen eigenen Brüdern in die Sklaverei verkauft, fälschlich angeklagt, ins Gefängnis geworfen und von allen, denen er geholfen hatte, vergessen wurde. Erst dann wurde der Traum, den Gott ihm als Jugendlichem gegeben hatte, Wirklichkeit. Mose lebte vierzig Jahre lang im Exil, bevor Gott ihn berief, Israel in die Freiheit zu führen. David floh jahrelang vor Saul, um sein Leben zu retten, bevor er König wurde.

Aber in all diesen Geschichten ist eins klar: Die schwierigen Phasen waren entscheidend, um diese Männer auf ihre Lebensaufgabe vorzubereiten. Irgendwann in diesen Jahren des Kampfes fingen alle an, Gott in ihren Schmerz und ihre Angst hineinzulassen. Mitten im Leid haben sie Gottes Nähe erfahren und diese Erfahrung hat es ihnen ermöglicht, nicht mehr vor dem Schmerz davonzulaufen, sondern mit Gott an der Seite durch das Leid hindurchzugehen. Jenseits der Leiderfahrung konnten sie alle bezeugen: *Ich habe einen guten Gott, der mir durch das Leid etwas gegeben hat, was ich auf keine andere Weise hätte finden können. Und zwar nicht nur Charakter.* „Leid prägt den Charakter", heißt es ja, und das stimmt auch, *allerdings nur,* wenn unser Leid uns lehrt, unser Vertrauen auf Gott zu setzen und uns auf ihn zu verlassen; und wenn wir zulassen, dass er uns tröstet, unterweist und uns die Kraft gibt, das Leid zu überwinden und weiterzugehen – jetzt in innigerer Nähe und mit größerem Vertrauen zu ihm.

Nathan Edwardson, Pastor der Stirring Church in Redding, hat einmal in einer Predigt etwas gesagt, das diese Wahrheit für mich auf den Punkt bringt. „Oft tun wir alles, was in unserer Macht steht, um Schmerz und Leid aus unserem Leben fernzuhalten", sagte er. „Manche täuschen es nur vor; andere helfen sich mit Medikamenten. Aber es gibt eine Begegnung mit Gott, die nur im Leid möglich ist; es gibt eine Liebe, die wir nur im Schmerz erfahren; ein Lied, das in der Tiefe geschrieben wird; eine unverhüllte Innigkeit zu Gott, die nur in der dunklen Nacht der Seele erlebt wird. Nichts anderes bringt uns so direkt in die Gegenwart Gottes wie das Leid."

Ich kann das nur bestätigen: So tief der Schmerz war, Jet zu verlieren, so tief und innig erlebte ich später die Nähe zu Gott, wie ich es mir nicht hatte vorstellen können, bevor mir dieser Schmerz zugemutet wurde. Gott ist mir gerade im Schmerz begegnet und hat sich mir auf eine Weise gezeigt, die all meine „Warums" verstummen ließ und mich stattdessen fragen lässt: „Und was nun?"

Die Antwort lautet: Aus diesem Schatz der innigen Nähe Gottes heraus möchte ich lernen, angstfrei zu leben – ohne Angst vor Leid und ohne Angst vor Fehlern. Ich möchte aus dem Vertrauen leben: Egal, was mir an Leid noch bevorstehen mag, Gott wird mir darin begegnen. Ich möchte meine Sorgen und Ängste offen vor ihm aussprechen, möchte bei ihm Frieden und Heilung finden und in der Hoffnung leben: „Was mich nicht umbringt, macht mich nur stärker" – in ihm. Ich möchte in allem und mit allem zu ihm gehen.

Angst und Glaube

Als es für Mose Zeit wird, die Leitung des Volkes an Josua weiterzugeben, der Israel ins Gelobte Land führen soll, verbindet er diese Führungsübergabe mit einer kraftvollen Ermahnung: „Seid mutig und stark! Habt keine Angst, und lasst euch nicht von ihnen einschüchtern! Der Herr, euer Gott, geht mit euch. Er hält immer zu euch und lässt euch nicht im Stich!" (5. Mose 31,6; Hfa).

Vierzig Jahre zuvor hatte Israel bereits Kundschafter in das Verheißene Land geschickt, bevor man es einnehmen wollte. Zehn von zwölf Kundschaftern kamen mit der Botschaft zurück: „Es ist zu gefährlich. Es gibt Riesen im Land. Wir werden es nie einnehmen." Das ganze Volk hörte auf diese Ängste. Und Gott antwortete darauf: „Ihr habt den vergessen, der doch schon die ganze

Zeit vor euch hergezogen ist. Wenn ihr nicht glaubt, dass ich mit euch bin, dürft ihr nicht hoffen, dass ihr die Schlachten gewinnt, die ihr schlagen müsst, um im Gelobten Land zu überleben. Deswegen werde ich es so machen: Ich werde eine neue Generation heranwachsen lassen, die lernen soll, mir zu vertrauen. Sie wird sich in jeder Hinsicht auf mich verlassen: in Bezug auf Nahrung, Wasser, Kleidung, Gesundheit, Schutz und alles andere. Vierzig Jahre wird es dauern." Und so geschah es. Erst nachdem die Generation derer, die auf die Angst gehört hatten, ausgestorben und eine Generation herangewachsen war, die gelernt hatte, Gott zu vertrauen, sagte Gott: „Versuchen wir es jetzt noch einmal."

Gott ist leidenschaftlich daran gelegen, seine Kinder zu lehren, wie man Angst überwindet. Angst ist wie eine feuchte Decke auf einem lodernden Feuer. Angst bremst jede Wirksamkeit, die wir vielleicht haben könnten, aus, weil sie den Verstand dazu bringt, Dinge zu glauben, die nicht der Realität entsprechen. Sie bringt uns dazu, überall sonst Hilfe zu suchen, nur nicht bei Gott. Vielleicht kennen Sie den Satz: „Angst ist Glaube an das Negative." Angst glaubt, dass Gott seine Verheißungen zurücknimmt oder widerruft. Wir dürfen der Angst nicht nachgeben. Wir müssen voller Kraft und voller Mut Gott beim Wort nehmen und glauben, dass er uns höchstpersönlich vorangeht.

„Uns vorangehen" meint, dass er bereits das Ende der Geschichte kennt und dass es ein gutes Ende ist! Es meint, dass Gott selbst in den schwierigsten und verzagtesten Zeiten bereits dafür gesorgt hat, es uns leichter zu machen. Er hat uns bereits vor Schlimmerem bewahrt, wovon wir zum Glück nie etwas erfahren werden. Ich habe eine Lieblingsmethode, um mich vor einem seelischen Absturz zu bewahren: Ich fange an, Gott dafür zu danken, dass er mich gerade auf eine Weise beschützt, die ich überhaupt nicht wahrnehme. Dieses Gebet lässt alle Warum-Fragen verstummen und hilft mir, mich auf Gott und auf seine Verheißungen zu gründen. Das Leid ist nie das Ende der Geschichte. Wenn wir es mit Gott an unserer Seite durchstehen, wartet auf der anderen Seite immer ein Sieg.

4

Der Grund zur Hoffnung

Und in unserer Hoffnung werden wir nicht enttäuscht. Denn Gott hat uns den Heiligen Geist gegeben und hat unser Herz durch ihn mit der Gewissheit erfüllt, dass er uns liebt.

Römer 5,5

Ich bin in Südkalifornien aufgewachsen und habe als Teenie immer wieder erlebt, dass Leute mich für so eine typische dumme Blondine vom Land gehalten haben. Als ich anfing, mit Jungs auszugehen, hatte ich immer Angst, die Jungs würden in mir nur ein oberflächliches kalifornisches Mädchen sehen, und ich versuchte mit aller Kraft zu beweisen, dass ich mehr zu bieten hatte als gutes Aussehen: nämlich Hirn und Begabung. Bedauerlicherweise zeigten sich die Jungs nie allzu beeindruckt von etwas anderem als meinem Aussehen und nach jeder weiteren Beziehung war ich noch mehr verunsichert und überzeugt, ich sei eben nicht intelligent oder begabt genug. Wie viele andere auch reagierte ich auf diese Unsicherheit, indem ich sie zu verbergen suchte und mich noch mehr anstrengte, mir zu beweisen, dass ich etwas konnte.

Als ich meinen späteren Mann Chris kennenlernte, war ich siebzehn und gab mir alle Mühe, ein Megaselbstbewusstsein auszustrahlen, das ich gar nicht hatte. Er war 25 und auf der Suche nach einer Frau. Irgendwie sah er über meine Unreife hinweg und erkannte, dass ich die Frau für ihn war. Er wartete, bis ich achtzehn wurde, bevor er anfing, um mich zu werben, und als er es tat, nahm er mich auf eine Weise ernst, wie ich es noch nie erlebt hatte – auf eine Weise, die zu schön war, um wahr zu sein. Ich konnte überhaupt nicht glauben, dass er tatsächlich an meinen Gedanken und Gefühlen interessiert war, und wenn er mich nach meiner ehrlichen Meinung zu irgendwas fragte, antwortete ich oft mit einem sarkastischen Spruch, statt zu sagen, was ich tatsächlich dachte oder empfand. Ich war nicht wenig erstaunt, dass er diese Ausweichmanöver regelmäßig abbog und darauf beharrte, es sei ihm wichtig zu wissen, wie ich in dieser Sache dachte. Schrittchen für Schrittchen riskierte ich es und offenbarte das eine oder andere klitzekleine Geheimnis meines Herzens. Es kostete mich viel Mut – ständig war ich darauf gefasst, dass er über mich lachen würde. Aber das passierte nie.

Auch meine Beziehung zu Gott nahm Chris auf eine Weise ernst, wie es vor ihm noch niemand getan hatte. Ich war das jüngste Kind einer christlichen Familie und mein Glaube war großteils einfach Teil der Familienkultur. Gelegenheiten, meinen eigenen Standpunkt zu vertreten oder über meinen Weg im Glauben zu sprechen, gab es nicht gerade oft. Chris erwartete von mir, im Glauben eine Reifestufe zu erreichen, die ich mit ihm teilen konnte, und er spornte mich dazu an. Er wollte wissen, was ich über bestimmte Umstände in meinem Leben oder auch über unsere Beziehung von Gott dachte. Diese Erwartung ermutigte mich, bewusster nach Gott zu fragen, und allmählich wuchs mein Vertrauen, dass ich auch in geistlicher Hinsicht eine ebenbürtige Partnerin für Chris sein und wie er Leitungsaufgaben wahrnehmen könnte.

Weil Chris immer wieder nach meiner Sicht der Dinge fragte, meine Worte gelten ließ und mein Glaubensleben herausforderte, fing ich schließlich an zu glauben, dass ich tatsächlich, wie ich es ja immer gehofft hatte, ein bisschen Hirn besaß und etwas zu sagen hatte. Wenn es *einen* Menschen gab, der glaubte, ich hätte etwas zu sagen, dann gab es ja vielleicht auch noch andere. Ich wurde neugierig, was wohl noch alles in mir steckte. Ich begann, die Tür zu meinen Träumen wieder zu öffnen, längst vergessene Wünsche noch einmal anzusehen und zu fragen: „Warum nicht?"

Einer der Träume, die ich nun noch einmal ernsthaft in Erwägung zog, war der, Schriftstellerin zu sein. Meine

Zuversicht diesbezüglich wuchs, bis ich einen Entschluss fasste: Eines Tages würde ich ein Buch schreiben. Sieben Jahre später halten Sie die Frucht dieses Traums in Händen.

Du hast mich geschaffen

Aber in vieler Hinsicht ist dieses Buch nicht das Buch, von dem ich vor sieben Jahren geträumt habe. Keinesfalls hatte ich mir vorgestellt, dass mein erstes Buch davon handeln würde, wie man einen Verlust verarbeitet – einen Verlust, der in mir ein viel heftigeres Gefühl von Unsicherheit hinterließ, als ich es als Teenie je gekannt hatte.

Nach dem Verlust meines Sohnes war mein Vertrauen am Boden zerstört. Ich konnte das Gefühl nicht loswerden, ich hätte meinen Mann, meine Töchter, meine ganze Familie enttäuscht. Denn ich war es schließlich gewesen, die Jets Leben in sich getragen hatte, und nun war dieses Leben plötzlich zu Ende. Das bedeutete doch sicher, dass ich etwas falsch gemacht hatte. Ich wusste genau, wie irrational dieser Gedanke war. Und obwohl alle Ärzte mir versicherten, ich hätte gar nichts anders machen können, wurde ich den Gedanken nicht los, ich hätte mich besser informieren müssen, hätte mehr über die Schwangerschaft wissen müssen, dann hätte ich Jet nicht verloren. Bei meinen ersten beiden Schwangerschaften war ich sehr gewissenhaft gewesen und hatte mich um jedes noch so kleine Detail gekümmert und alles getan, damit meine Babys gesund heranwachsen konnten. In der Schwangerschaft mit Jet hatte ich mich sehr sicher gefühlt und gedacht, ich hätte alles nötige Wissen, alle Weisheit und Disziplin. Aber letzten Endes hatte das alles für meinen Sohn nicht ausgereicht. Und ich fühlte mich wieder wie die dämliche Blondine, die vermutlich eine Riesendummheit gemacht, es aber gar nicht mitgekriegt hatte.

Als Chris mitbekam, wie sehr ich mich mit Schuldgefühlen und Selbstzweifeln plagte, beteuerte er mir täglich, dass ich nichts falsch gemacht hatte und dass Jets Tod nicht meine Schuld sei. Aber ich hatte mich so in meinen Schmerz vergraben, dass seine Worte meistens zum einen Ohr hinein und zum anderen wieder hinausgingen. Dann kam der Tag, an dem – während ich über die Autobahn fuhr – im Radio ein Song gespielt wurde, den wir für Jets Beerdigung ausgesucht hatten: „My Baby Blue" von Dave Matthews Band:

Confess I'm not quite ready to be left.
Still I know I gave my level best.
You give, you give, to this I can attest
You made me, you made me.
You and me forever, you're my baby blue.[5]

Ich geb ja zu, ich bin noch nicht so weit, für mich
    allein zu stehn.
Und doch weiß ich, ich hab mein Möglichstes ge-
    tan.

Du gibst, du gibst, das kann ich nur bezeugen,
du hast mich gemacht, du hast mich gemacht,
du und ich für immer, du bist mein Baby Blue.

Ich hatte den Song wegen der Zeile ausgesucht: „Ich hab mein Möglichstes getan." Zu dem Zeitpunkt wollte ich verzweifelt gern glauben und sagen, dass ich mein Bestes gegeben hatte, um Jet einen sicheren Hafen zu bieten. Aber als ich jetzt, Wochen später, den Song noch einmal hörte, löste sich etwas in mir, als ich hörte: „Und doch *weiß ich*, ich hab mein Möglichstes getan." Der Nebel der Furcht wich aus meinen Gedanken und ich sah die Wahrheit: Ich *hatte* mein Bestes für meinen Sohn gegeben. Ich hatte nichts getan, das ihm hätte schaden können.

Auch die Zeile „Du hast mich gemacht" bekam plötzlich ganz neue Bedeutung. Ich hatte schon erkannt, dass die Erfahrung, meinen Sohn zu verlieren, eine andere aus mir machen würde; aber in diesem Moment wurde mir klar, dass ich diese Veränderung als Geschenk begreifen konnte, das Jet mir gemacht hatte: eine Chance, zu lernen und zu wachsen und mehr zu der Frau zu werden, die ich wirklich bin. Ich verstand: Zuzulassen, dass Trauer und Selbstzweifel mein Vertrauen und meine Fähigkeit zu träumen untergruben, das wäre *nicht* die beste Weise, mich an Jet zu erinnern. Nein, viel lieber wollte ich weiterhin mein Möglichstes tun – für Gott, für meine Familie, für andere – und sicher sein, dass das genug sein würde. Ich wollte nicht nur neue Träume träumen, ich wollte auch größere Träume träumen.

Dranbleiben

Sprüche 13,12 sagt: „Hingehaltene Hoffnung macht das Herz krank, erfülltes Verlangen ist ein Lebensbaum" (EÜ). Wir kennen alle das flaue Gefühl im Magen, wenn wir enttäuscht werden. Ein Gefühl, das wir nie wieder spüren wollen. Und in solchen Momenten ist die Gefahr groß, dass wir uns abschotten und aufhören, Zukunftsträume zu haben. Es ist eben schwer, begeistert auf etwas zu warten, wenn man an nichts anderes denken kann als daran, wie sich die letzte Hoffnung, die man hatte, in Luft aufgelöst und nichts als Schmerz zurückgelassen hat.

Aber auch wenn es schwer ist, wir müssen uns entscheiden, wieder zu hoffen und zu träumen – auch nach einer großen Enttäuschung. Denn die einzige andere Option wäre, sich von der Angst vor einer neuen Enttäuschung beherrschen zu lassen, und daraus erwachsen nur Bitterkeit, Unglaube, Hoffnungslosigkeit und Abwehr gegen Gott. Wir mögen uns noch so sehr anstrengen, um uns vor weiteren Verletzungen zu schützen. Aber wenn wir den Einzigen zurückweisen, der uns wirklich schützen kann, der unsere Enttäuschung heilen und unsere Träume und seine Verheißungen zur Erfüllung bringen kann, dann fügen wir uns die größte Wunde zu.

Nehmen wir Abraham. Wenn jemand Grund hatte, von hingehaltener Hoffnung zu sprechen und sauer auf Gott zu sein, dann Abraham. Gott hatte Abraham ein Versprechen gegeben – ein Versprechen, das ihm Hoffnung machte – und dann ließ er dreizehn Jahre vergehen, bis er es erfüllte. Die meisten Leute wären in dieser Zeit sicher an einen Punkt gekommen, wo sie gesagt hätten: „Herr, es ist jetzt schon mehr als ein Jahrzehnt her, dass du mir dieses Versprechen gegeben hast. Und für alle anderen bin ich doch nur ein Depp, weil ich dir wirklich geglaubt habe, du würdest mir mit hundert Jahren noch einen Sohn schenken. Ich sehe nichts als Enttäuschung. Und hoffen und glauben – damit bin ich fertig. Vielen Dank – wofür auch immer." Aber was macht Abraham? „Da, wo es nichts zu hoffen gab, gab er die Hoffnung nicht auf, sondern glaubte ... Er war fest davon überzeugt, dass Gott die Macht hat, das, was er zugesagt hat, auch zu tun" (Römer 4,18.21). Er gab die Hoffnung nicht auf, bis sie sich erfüllte.

Gott ist der Grund unserer Hoffnung. Er will, dass wir entdecken: Wir können an diesem Grund festhalten, auch wenn alles andere zerbricht – und *wenn* wir an ihm festhalten, dann wird eine starke, unzerstörbare Hoffnung unser Leben erfüllen. Gott hat uns dazu berufen, Menschen der Hoffnung zu sein. Deswegen gibt er uns immer wieder diese gewaltigen Versprechen, gerade dann, wenn wir ihm aus dem Weg gehen. Er provoziert uns damit, größer zu träumen und kühner zu hoffen. Er bittet uns, ihm unsere kühnsten Bitten im Blick auf unsere Träume vorzulegen. „Bleibt dran", sagt er. „Bittet, und es wird euch gegeben; sucht, und ihr werdet finden; klopft an, und es wird euch geöffnet" (Matthäus 7,7). Wir dürfen nie daran zweifeln, dass Gott unsere

Träume erfüllen möchte, dass er uns diesen „Lebensbaum" schenken möchte. Aber wir müssen auch erkennen: Während wir warten, möchte Gott aus uns Leute machen, die „dranbleiben" – dranbleiben am Hoffen, dranbleiben am Glauben, dranbleiben am Träumen. Er möchte uns widerstandsfähig gegen Enttäuschungen machen, fähig zu hoffen, wenn es keinen Grund zur Hoffnung gibt – keinen Grund außer ihm selbst.

Gott vertrauen

Das beste Geschenk, das wir Gott machen können, ist die Weigerung, uns von Schmerz und Entmutigung unsere Träume zerstören zu lassen. Gott stört sich nicht daran, wenn wir etwas vermasseln oder ob wir Wunden und Schrammen davontragen. Die Autorin Lisa Bevere hat in einem ihrer Vorträge gesagt: „Ja, du hast einen Fehler gemacht. Aber deshalb bist du noch lange keiner." Gott erwartet keine Perfektion; er erwartet, dass wir unser Potenzial nutzen. Und wir können nichts tun, das seine Fähigkeit und seine Entschlossenheit begrenzen oder zerstören könnte, seine Verheißungen in unserem Leben zu erfüllen. Alles, was er braucht, ist unser Vertrauen.

Der Entschluss, auch nach einer Enttäuschung Gott wieder zu vertrauen, erneut zu träumen und zu hoffen, betrifft nicht nur uns selbst. Er zieht Kreise. Erneuerter Glaube und erneuerte Hoffnung fließen ganz von selbst über – als Ermutigung. Umgekehrt sind Bitterkeit und Hoffnungslosigkeit ebenfalls ansteckend. Wenn Sie je in der vergifteten Atmosphäre leben mussten, die ein verbitterter Mensch um sich verbreitet, wissen Sie, wie entmutigend das sein kann.

Als jemand, der sehr viel an Ermutigung erfahren hat – nämlich von einem einzigen Menschen, meinem Mann, der mich inspiriert hat, wieder zu träumen –, weiß ich, welche Kraft in der Ermutigung steckt. Auf der anderen Seite meiner Trauer habe ich beschlossen: Ich will nicht nur wieder eigene Träume träumen, ich möchte auch andere in ihren Träumen ermutigen.

Ich habe irgendwo gelesen, dass Walt Disney einmal mit der Begründung von einem Verleger entlassen wurde, er habe „keine Fantasie und keine originellen Ideen". Seine erste Trickfilmfirma machte Bankrott und bei seinen Versuchen, eine Finanzierung für Disney World aufzutreiben, wurde er Hunderte Male abgewiesen. Heute wirft die Walt Disney Company einen Jahresgewinn von 30 Milliarden Dollar ab.

Ich weiß nicht, wie es Ihnen geht. Aber ich möchte nicht diejenige sein, die dem nächsten Walt Disney sagt, er habe keine Fantasie! Ich möchte diejenige sein, die anderen hilft, ihre Lebensaufgabe zu finden und zu verwirklichen. Ich möchte anderen wieder Vertrauen in ihre Träume geben.

Die beste Ermutigung, die ich geben kann, ist allerdings nicht, an mich oder an sich selbst oder an die eigenen Träume zu glauben. Die beste Ermutigung ist, Gott zu glauben – dem Gott, der uns und unsere Träume geschaffen hat. Uns mit Menschen zu umgeben, die an uns glauben, ist wunderbar. Aber es reicht nicht aus, unsere Hoffnung nur auf menschliche Unterstützung zu setzen. Nicht jeder wird Ihnen glauben und es wird immer Menschen geben, die uns jeden Elan nehmen. Ich treffe immer noch Menschen, die mich nicht ernst nehmen. Aber mittlerweile habe ich in Gott Vertrauen und Sicherheit gefunden, die stärker sind als die Meinung der anderen. Ich vertraue darauf, dass Gott mich für genau diesen Moment geschaffen hat, für genau diesen Job, dazu, dass ich die beste Mutter, Ehefrau, Pastorin, Referentin und Autorin bin, die ich nur sein kann. Und für Sie gilt dasselbe. Gott hat uns geschaffen. Und er erwartet nicht, dass wir unser Bestes geben, ohne selbst sein Bestes zu tun, damit wir Erfolg haben. Er nimmt uns ernst und deswegen können wir unsere Hoffnung und unser Vertrauen auf ihn setzen.

Wir sollen Gott nicht nur mehr vertrauen als allen anderen; wir sollen ihm auch mehr vertrauen als uns selbst. Ich weiß sehr gut, dass manchmal der schärfste Kritiker, mit dem wir es zu tun haben, der ist, der uns morgens im Spiegel anblickt. Ob unsere Verletzungen Folgen eigener Fehler oder des Verhaltens von anderen oder eines Verlustes sind, auf den wir keinen Einfluss hatten – irgendwann haben wir sicher alle schon diese selbstzerstörerischen Gedanken bewegt, dass alles unsere eigene Schuld war, dass wir unsere Träume begraben sollten, weil wir uns selbst nicht mehr über den Weg trauen können. Wenn Sie mit derartigen Gedanken zu kämpfen haben, möchte ich Ihnen Mut machen: Nutzen Sie Ihre stille Zeit und bitten Sie Gott, dass er Ihnen sagt, wer Sie sind und was Sie können. Lassen Sie sich erinnern, welche Verheißungen er in Ihr Leben gelegt hat. Lassen Sie sich vom Gott der Hoffnung neue Hoffnung schenken, so wie Paulus: „Darum ist es mein Wunsch, dass Gott, die Quelle aller Hoffnung, euch in eurem Glauben volle Freude und vollen Frieden schenkt, damit eure Hoffnung durch die Kraft des Heiligen Geistes immer unerschütterlicher wird" (Römer 15,13).

5

Aus der Tiefe

Helft einander, eure Lasten zu tragen!
Auf diese Weise werdet ihr das Gesetz erfüllen,
das Christus uns gegeben hat.
Galater 6,2

Elisabeth Kübler-Ross, die schweizerisch-amerikanische Psychologin, die die fünf Stufen der Trauer erforscht hat, schreibt: „Die schönsten Menschen, die wir gekannt haben, sind Menschen, die Niederlagen erlebt haben, die wissen, was Leid ist, die gekämpft haben, Verluste erlitten und ihren Weg aus den Tiefen heraus gefunden haben. Solche Menschen haben eine Wertschätzung, eine Empfindsamkeit und ein Verständnis vom Leben gewonnen, das sie mit Mitgefühl, Güte und liebender Anteilnahme erfüllt. Schöne Menschen ‚passieren‘ nicht von selbst."[6]

Es ist nichts Magisches an Leid und Verlust, das bewirken würde, dass diese Erfahrungen uns zu besseren

Menschen machen. Unzählige Menschen überall auf der Welt haben gelitten und nie „den Weg aus der Tiefe heraus" gefunden. Aber umgekehrt stimmt auch: Jeder, der die Fähigkeit zu tiefem Mitgefühl entwickelt hat, hat dies durch eine tiefe Leiderfahrung erworben – entweder durch eigenes Leid oder durch Leid von geliebten Menschen.

Der Unterschied zwischen denen, die sich in den Tiefen verlieren, und denen, die einen Weg herausfinden, besteht im Wesentlichen in der Antwort, die sie auf folgende Frage geben: „Will ich zulassen, dass dieser Verlust, dieses Scheitern, dieser Kampf, dieser Schmerz mich dazu bringt, mich in mir selbst zu verkriechen und mich von anderen abzuschotten, oder will ich ganz bewusst nach außen orientiert sein und auf andere zugehen?" Nur Menschen, die mitten im Schmerz die Entscheidung treffen, auf Gott zu schauen und Beziehungen zu anderen bewusst zu suchen, werden diese schöne, bewegende Fähigkeit zum Mitempfinden erwerben, die uns Christus ähnlich macht.

Das Wort „Mitgefühl" wird auf dictionary.com definiert als „Gefühl tiefen Mitempfindens und Trauer für einen anderen, den ein Unglück getroffen hat oder der in Not ist, verbunden mit dem starken Wunsch, das Leid zu lindern". Mitgefühl ist die Fähigkeit, den Schmerz oder die Probleme eines anderen zu teilen und sie mit ihm zu tragen. Ein Mensch des Mitgefühls zu werden, das gehört zum Größten, das wir in diesem Leben lernen können. Es ist das sicherste Zeichen echter Freundschaft und eines Charakters, der Jesus ähnlich ist.

Bitte kein Mitleid

Mitgefühl ist eine Fähigkeit, die wir entwickeln müssen, eine Kunst, die es zu lernen gilt. Denn wir wissen nicht instinktiv, wie wir an einen leidenden Menschen herankommen können, um ihm unsere Hilfe anzubieten. Vielleicht einer der besten Wege, Mitgefühl zu entwickeln, ist der, selbst Erfahrungen damit zu machen, wie Menschen auf uns reagieren, wenn wir selbst leiden. Wenn man mitten im Schmerz steckt, zeigt sich kristallklar, welche Reaktionen trösten und erleichtern und welche nicht.

Als ich nach Jets Tod selbst im tiefen Tal steckte, war es sehr aufschlussreich für mich zu entdecken, wer von meinen Bekannten tatsächlich wusste, wie man einem trauernden Menschen begegnen kann, und wer nicht. Manche Menschen mieden mich einfach, offensichtlich aus Unsicherheit, was sie sagen oder tun sollten. Andere schrieben Kondolenzkarten und beteuerten, wie leid es ihnen tue, aber oftmals hielten sie mich damit auf Abstand, als wollten sie sagen: „Ich möchte mit deinem Schmerz nichts zu tun haben."

Wieder andere bemühten sich, mir Silberstreifen am Horizont aufzuzeigen, die keine waren. Ich habe weiter oben schon davon erzählt, dass jemand sagte: „Es hätte noch schlimmer sein können. Wenigstens war es keins von den Mädchen." Ich konnte es nicht fassen! Wie konnte jemand glauben, es würde mich trösten zu hören, dass das Leben meines Sohnes irgendwie weniger wert gewesen sein sollte als das meiner Töchter. Zumindest weiß ich nun aus erster Hand, dass es kein Ausdruck von Mitgefühl ist, anderen falsche Silberstreifen an den Himmel zu malen.

Dann gab es die Menschen, die es verstanden zu trösten. Statt sich schweigend von meinem Leid zurückzuziehen oder Plattitüden von sich zu geben – „Oh, das ist schlimm für dich, aber versuch das Positive zu sehen!" –, bewiesen diese Menschen echtes Mitgefühl und Empathie. Sie kamen zu mir in mein tiefes Tal. Sie saßen neben mir und hörten mir zu, wenn ich mir meinen Schmerz von der Seele redete – manchmal stundenlang. Sie nahmen mich in den Arm und weinten mit mir. Sie *fragten* mich, wie sie am besten für mich da sein könnten, statt einfach zu raten oder aus eigenem Impuls zu handeln. Alles, was sie taten, vermittelte die Botschaft, dass mein Schmerz von Bedeutung war und dass sie mir helfen wollten, ihn zu tragen.

Ich weiß nicht, wie es Ihnen geht. Aber ich bin nicht gern Gegenstand des Mitleids anderer. Mitleid verärgert mich. Eine mitleidige Haltung besagt: „Es tut mir leid für dich, aber nicht genug, um wirklich zu helfen. Ich sage eben rasch etwas, das nach Mitgefühl klingt, aber kein echtes Mitgefühl ist." Mitleid beobachtet dich auf deinem Weg, lässt dich aber letztlich mit deinem Schmerz allein. Mitgefühl dagegen teilt deinen Schmerz und bringt Hoffnung für deinen Weg auf – und so gibt es dir die Kraft, durch den Schmerz hindurchzugehen und langsam wieder heil zu werden.

Das Beste, was man tun kann, um einem Menschen,

der leidet, Hoffnung zu geben, ist, in seinem Schmerz bei ihm zu sein. Ihm die Erlaubnis zu geben, *mit Ihnen zusammen* die Gefühle zu fühlen, die er allein nicht zulassen kann, weil sie zu bedrohlich, zu überwältigend und zerstörerisch sind. Sie können ihn durch Ihr Zuhören unterstützen, auch wenn es immer wieder um dasselbe geht, immer wieder dieselben Gefühle und Gedanken geäußert werden. Manchmal trägt diese verbale Verarbeitung des Schmerzes sehr viel zur Heilung bei. Lassen Sie den anderen an Ihrer Schulter weinen. Trösten Sie, indem Sie versichern, dass Sie für ihn da sind. So tragen Sie die Last mit ihm und geben ihm Kraft, sie durch die Tiefen hindurchzutragen.

Echte Freundschaft

Das Leid eines anderen zu *teilen,* schafft Verbundenheit – es ist ein Freundschaftsakt. Wie nichts anderes macht das Leid offenbar, wer unsere wahren Freunde sind – und wie nichts anderes macht es echte Freunde zu noch echteren Freunden. Zu den Menschen, die meinen Schmerz mit mir getragen und mir ihr Mitgefühl erwiesen haben, ist die Verbindung heute viel tiefer als vor dem Verlust und für diese Freundschaften bin ich zutiefst dankbar.

Die gegensätzliche Erfahrung von Mitgefühl auf der einen und Mitleid auf der anderen Seite hat mir aber auch Klarheit und Leidenschaft in einer anderen Frage geschenkt, nämlich der, wer ich sein will, wenn ich anderen meine Freundschaft schenke. Kurz gesagt: Ich möchte keine „Schönwetterfreundin" sein, die jemandem, den sie liebt, nur Mitleid anzubieten hat, wenn er leidet. Ich möchte eine echte Freundin sein, die Empathie und Mitgefühl aufbringt. Ich möchte den Tiefen standhalten und meinen Freunden helfen, am anderen Ende des Tunnels herauszukommen – stärker, heil, ganz.

In der Bibel gibt es viele Beispiele für leidenschaftliche Freundschaft, aber besonders eindrücklich ist für mich die Freundschaft zwischen Jonatan und David. Die beiden scheinen wie füreinander geschaffen:

> Nach diesem Gespräch traf David Jonatan, den Sohn des Königs. Vom ersten Augenblick an liebte Jonatan David sehr, ja, er liebte ihn mehr als sein eigenes Leben. Saul behielt David nun am Königshof und ließ ihn nicht mehr nach Hause zurückkehren. David und Jonatan schlossen einen Bund und schworen sich ewige Freundschaft. Jonatan sagte: „David, du bist mir so lieb wie mein eigenes Leben!" Dann zog er den Mantel und die Waffenrüstung aus und schenkte sie David, dazu noch sein Schwert, den Bogen und den Gürtel.
> 1. Samuel 18,1-4 (Hfa)

Es war Jonatan, der David zuerst liebte. Er ergriff die Initiative für den Freundschaftsbund mit David, erhob ihn praktisch zu einem ihm Ebenbürtigen, indem er ihm seine Kleidung und seine Waffen schenkte. Jeder, der Zeuge dieses hochherzigen Geschenks war, das Jonatan David machte, hat verstanden, dass Jonatan, der Thronerbe, seine Ehre und seinen Besitz David unterstellte. Es ist verblüffend, dass Jonatan vom Anfang ihrer Beziehung an nicht eifersüchtig oder neidisch auf David war, sondern sich anbot, David zu dienen und seine Berufung zum König in Israel anzuerkennen.

Jonatans Loyalität und Liebe zu David erwiesen sich besonders, als Jonatans Vater Saul begann, David seine Popularität zu neiden, und versuchte, ihn aus dem Weg zu räumen. Jonatan verbarg David vor Saul und brachte ihn in Sicherheit. Dann, einige Zeit später, als Saul seine Jagd nach David wieder aufgenommen hatte, suchte Jonatan David auf und machte ihm Mut:

Eines Tages, als David sich gerade in Horescha in der Wüste Sif aufhielt, kam Jonatan zu ihm. Er ermutigte David, nicht aufzugeben, sondern auf die Hilfe Gottes zu vertrauen. „Hab keine Angst", redete er ihm zu, „mein Vater wird dich nicht finden! Eines Tages wirst du König über Israel sein, und ich bin dann dein Stellvertreter. Das weiß auch Saul, mein Vater." Danach schworen sie einander erneut ewige Treue und riefen den Herrn als Zeugen an. David blieb in Horescha, Jonatan aber kehrte wieder nach Hause zurück.

1. Samuel 23,15-18 (Hfa)

Eine Bibelübersetzung sagt: „Jonatan half [David] …
seine Kraft im Herrn zu finden." Wow! Was für ein Kon-
trast zwischen zwei Männern, Vater und Sohn, die beide
Gottes Gunst und Berufung in Davids Leben erkennen.
Saul, der Vater, fühlt sich von David bedroht und versucht, ihn zu töten. Aber Jonatan, der Sohn, der sich genauso bedroht fühlen könnte, weil David an seiner statt
den Thron besteigen wird, begegnet ihm als Freund – als
wahrer Freund. Jonatan erinnert David daran, wer er ist,
bestärkt ihn in seiner Berufung und hilft ihm, seine Kraft
in Gott zu finden. Er unterstützt ihn und unterstellt sich
ihm. Meiner Erfahrung nach gibt es keinen besseren
Weg, einen Freund zu lieben, als ihn zu schützen, ihm zu
dienen und ihn in seiner Berufung zu bestärken.

Davids Sohn Salomo wird später schreiben: „Viele
sogenannte Freunde schaden dir nur, aber ein wirklicher Freund steht mehr zu dir als ein Bruder" (Sprüche 18,24; Hfa). Ich stelle mir vor, dass David, als er die
erworbene Weisheit an seinen Sohn weitergab, ihm von
diesem ersten wahren Freund, von Jonatan, erzählt hat,
davon, dass er ohne Jonatans Loyalität, Schutz und Ermutigung nie König geworden wäre. Jonatan war der
Freund, der mehr zu ihm gestanden hatte als ein Bruder.

Ein anderes eindrucksvolles Beispiel einer tatkräftigen
Freundschaft finden wir im Markusevangelium:

Da versammelten sich so viele Menschen bei ihm,
dass kein Platz mehr war, nicht einmal vor dem
Haus. Während er ihnen das Wort Gottes verkün-

dete, wurde ein Gelähmter gebracht; vier Männer trugen ihn. Sie wollten mit ihm zu Jesus, doch es herrschte ein solches Gedränge, dass sie nicht zu ihm durchkamen. Da deckten sie das Dach über der Stelle ab, wo Jesus sich befand, und machten eine Öffnung, durch die sie den Gelähmten auf seiner Matte hinunterließen. Als Jesus ihren Glauben sah, sagte er zu dem Gelähmten: „Mein Sohn, deine Sünden sind dir vergeben!"

Markus 2,2-5

Dem Gelähmten war nichts geblieben. Er war außerstande, irgendetwas für sich selbst zu tun. Anscheinend glaubte er nicht einmal selbst, er könne geheilt werden. Es heißt, dass Jesus „ihren Glauben" sah – den Glauben der Freunde – und deshalb dem Gelähmten zuerst die Sünden vergab und ihm dann, wenige Verse später, befiehlt, er solle aufstehen, seine Matte nehmen und nach Hause gehen. Jesus erkannte an, dass die Freunde dieses Mannes Glauben für ihn aufbrachten, als er selbst den Kampf bereits aufgegeben hatte. Sie waren bereit, Zeit und Mühe zu investieren und ihren Freund durch die Stadt zu tragen, mit bloßen Händen und im Schweiß ihres Angesichts ein Dach abzudecken und an seiner Seite zu bleiben, bis sie ein Wunder erlebten.

Das ist ein Bild, das mir gefällt. So eine Freundin möchte ich sein. Ich möchte niemanden mit leeren Floskeln abspeisen: „Oh, diese Lähmung, das muss ja schlimm sein." Ich möchte sagen: „Ich werde Zeit und

Kraft einsetzen, damit du frei wirst und damit du der Mensch wirst, der du sein sollst."

Aufeinander zugehen

Wir alle kennen Menschen, die schwere Zeiten durchmachen. In manchen Fällen ist die Wunde schlimm und offensichtlich. Scheidung, Krankheit, Tod oder irgendeine sonstige Tragödie hat ihr Leben getroffen und sie durchleben Trauer, Schmerz und Verlust. In anderen Fällen ist die Verletzung verborgen oder erscheint uns geringfügig. Worum auch immer es geht: Unsere Berufung als Glieder einer geistlichen Familie ist immer dieselbe: „Helft einander, eure Lasten zu tragen! Auf diese Weise werdet ihr das Gesetz erfüllen, das Christus uns gegeben hat" (Galater 6,2).

Manchmal ist es tatsächlich leichter, jemanden zu begleiten und zu unterstützen, der eine schwere und offensichtliche Last zu tragen hat, Krebs etwa, denn da ist es nicht schwer, tiefes Mitgefühl zu empfinden. Schwieriger ist es, mitzufühlen und Anteilnahme zu zeigen, wenn eine Freundin mit einem Problem kommt, das aus unserer Sicht kaum der Rede wert ist. Wenn eine Freundin mir beispielsweise erzählt, sie habe keinen guten Tag, weil etwas vergleichsweise Lächerliches passiert ist, gemessen daran, was ich selbst gerade durchmache, kann ich versucht sein, mich zurückzuziehen und ein Urteil über die Probleme der Freundin zu fällen, statt auf sie zuzugehen.

In solchen Momenten sollten wir uns als Erstes daran erinnern, dass es unmöglich ist, das Leid eines Menschen mit dem eines anderen zu vergleichen. Nirgendwo in der Bibel finden wir auch nur den kleinsten Hinweis, dass der Schmerz des einen wichtiger wäre als der Schmerz eines anderen. Nein, es heißt vielmehr, „dass Gott keine Unterschiede zwischen den Menschen macht" (Apostelgeschichte 10,34). Jesus war genauso sehr daran gelegen, den Gastgeber einer Hochzeitsfeier vor der Peinlichkeit zu bewahren, dass der Wein ausging, wie ihm daran gelegen war, seinen verstorbenen Freund Lazarus vom Tod aufzuerwecken. Ihm liegt an allem, was mit unseren Herzensangelegenheiten zu tun hat.

Niemand von uns weiß wirklich, was es bedeutet, die Last zu tragen, die jemand anders trägt. Alles, was wir wissen müssen, ist, dass von uns erwartet wird, einander im Lastentragen zu helfen – wie immer die Lasten aussehen mögen. Die Tatsache, dass die Probleme eines anderen uns gering vorkommen, könnte auch ein Zeichen dafür sein, dass uns die Gnade geschenkt ist, sie ihm tragen zu helfen. Umgekehrt kann das, was mir unendlich schwer vorkommt, einem anderen leicht erscheinen und er kann mir dann seine Kraft zur Unterstützung anbieten. Wenn wir aufhören zu beurteilen und uns stattdessen darauf ausrichten, unseren Mitmenschen mit Mitgefühl zu begegnen, egal, worum es geht, wird die Gnade von Jesus uns befähigen, gemeinsam Lasten zu tragen, die niemand allein bewältigen könnte.

Wir weigern uns also, einen Freund im Stich zu lassen

oder seine Situation zu beurteilen. Der nächste Schritt ist dann, uns mit seiner Situation zu befassen und zu versuchen, sie besser zu verstehen. Darin besteht die Kunst der Empathie. Empathie bedeutet, mit einem anderen mitzufühlen, sich in seine Lage zu versetzen. Empathie bedeutet, die eigene Fantasie zu bemühen, um die Erfahrung des anderen zu teilen und zu verstehen. Erst dann können wir auch erkennen, was der andere braucht und wie wir ihm in seiner Situation tatsächlich helfen können. Empathie ist entscheidend für unser Mitgefühl und unsere Verbundenheit mit anderen.

Wenn wir mit Empathie und Mitgefühl aufeinander zugehen, folgen wir Christus selbst, der all unsere Lasten getragen hat, seien sie nun schwer oder leicht. Jesus ist unser aufrichtigster, bester Freund, der alles aufgegeben hat, um nicht nur *mit* uns, sondern *für* uns zu leiden. Er ging durch die tiefsten Tiefen – sogar durch die Hölle – und erschien jenseits davon als das schönste und vollkommenste Beispiel für Mitgefühl. Er kommt in jedem Schmerz, den wir erleben, auf uns zu, er teilt immer unseren Schmerz und wird ihn immer gebrauchen, um aus uns mitfühlende, gute Freunde zu machen, wie er es für uns ist. Wir haben kein größeres Geschenk empfangen als seine Freundschaft; und wir haben nichts Größeres zu geben, als dass wir anderen solche guten Freunde sind.

6

Stark wie der Tod

Leg mich wie ein Siegel auf dein Herz,
wie ein Siegel an deinen Arm!
Stark wie der Tod ist die Liebe,
die Leidenschaft ist hart wie die Unterwelt.
Ihre Gluten sind Feuergluten, gewaltige Flammen.
Auch mächtige Wasser können die Liebe nicht
löschen; auch Ströme schwemmen sie nicht weg.
Hoheslied 8,6-7 (EÜ)

Ich kann mich noch gut daran erinnern, dass meine Stimme vor Entschlossenheit bebte, als ich mein Eheversprechen gab. Mit den Worten: „in Gesundheit und Krankheit ... in guten wie in bösen Tagen" verpflichtete ich mich von ganzem Herzen und für mein ganzes Leben, Chris zu lieben, was auch immer uns an Herausforderungen bevorstehen würde.

Ich gebe zu, an unserem Hochzeitstag ahnten wir

kaum, was „in Krankheit" oder „in bösen Tagen" tatsächlich bedeuten könnte – wir waren schließlich beide kerngesund und glückselig verliebt. Die größte Herausforderung, mit der wir konfrontiert waren, bestand darin zu überlegen, wie wir finanziell über die Runden kommen wollten. Das hatten wir bald geklärt und konnten nun zuversichtlich die Dinge anpacken, die sich als die wohl höchst durchschnittliche Abfolge von Eheabenteuern erweisen sollte: ein Haus kaufen, feststellen, dass wir Eltern wurden, alle Termine in Beruf und Familie unter einen Hut bringen, Baby Nr. 2 bekommen und mitten in diesem Getriebe und Chaos unsere Verbundenheit aufrechterhalten und vertiefen.

Dann kamen die „bösen Tage". Ob wir noch einmal etwas erleben werden, das uns so erschüttert wie der Tod eines Kindes? Jetzt, im Nachhinein, kann ich mir kaum vorstellen, dass es so sein könnte, obwohl wir es natürlich nicht wissen können. Was ich aber sicher weiß, ist, dass der Verlust unseres Sohnes Chris und mir abverlangt hat, unserem Eheversprechen so intensiv treu zu bleiben wie nie zuvor.

An Grenzen kommen, aber einander nicht ausschließen

Es gibt tatsächlich keine Möglichkeit, sich auf diesen ersten großen Test einer Ehe vorzubereiten, auf das Ereignis, das einen oder beide an seine Grenzen bringt und enthüllt, was geschieht, wenn wir da angekommen sind. Werden wir den Sturm gemeinsam bestehen oder zerbricht die Ehe? Werden wir jetzt aufeinander zugehen oder ziehen wir uns zurück und igeln uns mit unserem Schmerz ein? Wie werde ich reagieren, wenn ich sehe, was diese Prüfung in dem Menschen, den ich liebe, zum Vorschein bringt?

Chris und ich machten diese Erfahrung, an unsere Grenzen zu kommen, an dem Tag, als Jet geboren wurde. Kurz nachdem die Geburt eingeleitet worden war, entschied ich, dass ich eine Epiduralanästhesie (PDA) wollte. Die Geburten meiner Töchter hatte ich ohne Rückenmarksbetäubung durchgestanden. Ich wusste also, was auf mich zukam, und erkannte plötzlich, dass ich nach dem Trauma und dem emotionalen Schmerz nicht auch noch den körperlichen Schmerz der Geburt ertragen konnte.

Chris unterstützte meine Entscheidung und hielt mich im Arm, als die Wehen einsetzten, bis der Anästhesist kam. Zu diesem Zeitpunkt wünschte ich mir nichts anderes mehr, als dass mein halber Körper endlich in eine wohlige Gefühllosigkeit versinken könnte. Doch als der Anästhesist die Nadel einstach, geschah etwas Seltsames. Es fühlte sich an, als ob direkt vor meinen Augen ein Kamerablitz aufleuchtete – einen Moment lang konnte ich überhaupt nichts sehen außer den Lichtreflexen. Aber das war bald vorbei. Ich wischte die Sache beiseite und hoffte, was immer das gewesen war, es wäre nichts Ernstes. Während ich flach auf dem

Rücken lag, wartete ich darauf, dass die Medikamente zu wirken begannen.

Zwanzig Minuten später spürte ich plötzlich einen heftigen Druck im Hinterkopf. Die Blitzlichter kamen wieder und meine Ohren dröhnten. Der Schmerz war höllisch und ich bat Chris, alle Lichter im Raum zu löschen. Wie benommen durch den Schmerz hörte ich, wie Chris die Schwester rief und erklärte, ich hätte heftige Kopfschmerzen.

„Das ist vermutlich eine Folge des Schocks und des Traumas", erklärte sie. „Manchmal klappt der Körper einfach zusammen und weigert sich, einen solchen Verlust zu akzeptieren. Wir geben ihr etwas gegen die Schmerzen."

Nie zuvor war ich derart hilflos gewesen. Es war ganz einfach der schlimmste Schmerz, den ich je erlebt hatte. Das Schmerzmittel, das sie mir intravenös verabreicht hatten, half zwar ein bisschen gegen den Druck im Kopf, aber noch immer konnte ich weder die Augen öffnen noch den Kopf bewegen. Ich weiß nicht, wie lange ich regungslos dagelegen habe, bis ich endlich wie durch einen Nebel die Stimme der Schwester hörte, die mir sagte, es sei jetzt Zeit zu pressen. Ich musste all meine Kraft zusammennehmen, um die Anweisung zu befolgen. Ich brachte zwei kurze Pressstöße zustande, dann sagte sie mir, ich könne aufhören. Ein paar Augenblicke später legte die Schwester mir Jets winzigen Körper in die Arme.

Ich hätte ihn ewig in den Armen halten mögen. Aber

nach nur wenigen Minuten schien die Wirkung des Schmerzmittels nachzulassen und der Druck in meinem Kopf kam umso stärker zurück. Eine Welle der Übelkeit durchlief mich und ich konnte gerade noch Jet Chris in den Arm legen, bevor ich mich übergab. Unfähig zu sprechen oder die Augen zu öffnen, sank ich benommen vor Schmerz zurück ins Bett und glitt in eine willkommene Ohnmacht hinüber. Das Letzte, was ich hörte, bevor alles versank, war, dass irgendjemand im Raum fragte: „Was ist denn los mit ihr?" und dass die Schwester noch einmal erklärte, ich hätte einen Schock und ein Trauma erlitten.

Ich schlief die ganze Nacht, und als ich aufwachte, hatte ich eine normale Migräne. Ich war immer noch lichtempfindlich, mir war übel und ich war erschöpft, aber ansonsten funktionierte ich wieder normal. Als ich mich aufsetzte, sah ich Jethros kleinen Körper in einem Bettchen neben meinem Bett. Er hatte anscheinend die ganze Nacht neben mir gelegen. Sofort nahm ich ihn in die Arme. Ich war am Boden zerstört, als ich erfuhr, dass ich verpasst hatte, wie er gebadet wurde, und dass ich sieben kostbare Stunden mit ihm verloren hatte, weil Trauer und Schock mich überwältigt hatten. Zutiefst verstört entschuldigte ich mich immer wieder bei meinem leblosen Sohn und bei meinem untröstlichen Mann, der die Nacht bei mir geblieben war und versucht hatte, einen klaren Kopf zu bewahren. Trotz all seiner Beteuerungen und tröstlichen Worte konnte ich, als wir uns endgültig von Jet verabschiedet hatten und nach Hause fuhren, nichts anderes empfinden als Schuldgefühle. Es fühlte sich an, als stünde ich neben mir.

In der folgenden Nacht gegen zwei Uhr wachte ich mit denselben quälenden Kopfschmerzen auf und stolperte hastig ins Bad, um mich zu übergeben. Diesmal wusste ich, dass irgendetwas nicht stimmte, und war mir sicher, dass weder Schock, noch Schuldgefühle oder Angst die Ursache waren. Ich brachte es nicht fertig, Chris zu wecken, also ging ich wieder zu Bett und schlief unruhig bis gegen sieben Uhr morgens. Dann berichtete ich Chris, was in der Nacht geschehen war, und er war ebenfalls der Meinung, dass wir zurück in die Klinik fahren müssten.

Als ich dem Arzt in der Notaufnahme meine Symptome beschrieb, diagnostizierte er sofort einen *postpunktionellen Kopfschmerz*. Wenn eine Epiduralanästhesie nicht exakt an der richtigen Stelle gesetzt wird (und auch der beste Anästhesist kann es nicht in 100 Prozent der Fälle perfekt machen), so erklärte er mir, kann das dazu führen, dass versehentlich der Hirnwasserraum im Rückenmark betroffen und der Druckausgleich um Rückenmark und Hirn beeinträchtigt wird, was starke Schmerzen verursacht. Um den Flüssigkeitsverlust zu stoppen, erklärte er mir, würde ich einen Blutpatch brauchen. Das Verfahren war einfach: Er würde mir Blut abnehmen und es an der Stelle ins Rückenmark injizieren, wo die Anästhesie gelegt worden war. Allerdings würde das Ganze einige Stunden dauern und während dieser Zeit dürfte ich mich nicht bewegen.

Waren Sie schon einmal gezwungen, vollkommen regungslos herumzuliegen, wenn alles in Ihnen nur schreiend davonlaufen wollte? Mit jeder Minute, die ich in diesem Krankenzimmer lag und mir alle Mühe gab, reglos zu bleiben, wuchs mein Zorn, dass ich überhaupt hier war. Warum konnte ich nicht zu Hause sein und mit meinen Töchtern unseren Sohn betrauern? Warum musste ich immer noch an diesem Ort sein, wo ich schon so viel durchgemacht hatte und wo ich mich gerade vom Körper meines Sohnes verabschiedet hatte? Ich hatte nie im Leben mehr in einem Krankenhaus sein wollen, aber da lag ich schon wieder, kaum vierundzwanzig Stunden später, und hörte die Kinderlieder, die aus den Lautsprechern im Flur erklangen, wenn wieder ein Baby geboren war. Es kam mir vor wie ein grausamer Scherz – nicht nur, dass ich gezwungen war, den Albtraum der letzten Tage noch einmal zu durchleben; jetzt wurde mir auch noch eingehämmert, wie ungerecht das alles war.

Aber noch während der Sturm aus Zorn, Trauer, Angst, Schuldgefühlen und Schmerz in mir tobte, sickerten auch einige positivere Gedanken in mein Bewusstsein. Erstens kannte ich nun den Grund dafür, dass ich am Vortag so zusammengeklappt war. Es war kein emotionaler Zusammenbruch nach einem Trauma gewesen – ich war einfach körperlich geschädigt worden. Es war eine ungeheure Erleichterung zu wissen, dass ich nicht dabei war durchzudrehen.

Zweitens wurde mir bewusst, dass Chris, der ebenfalls angenommen hatte, mein irrationales Verhalten sei eine Folge von Trauer und Trauma, nicht die kleinste

Spur von Enttäuschung oder Frustration gezeigt hatte. Ich wusste: Mein Zusammenbruch musste sich für ihn angefühlt haben, als ob ich ihn ausschließe. Ich wusste, dass es schwierig für ihn gewesen sein musste, sich allein um alle Vorbereitungen für die Beerdigung zu kümmern, während ich nur apathisch dalag. Ich wusste, dass es ihn verstört hatte, als ich ihm Jet in den Arm gelegt hatte, um mich zu übergeben, so als könne ich den Anblick des leblosen Körpers nicht ertragen. Und ich wusste, dass es ihm leidtat, dass ich nicht hatte wach bleiben und diese Stunden mit Jet mit ihm hatte teilen können. Und doch war er die ganze Zeit an meiner Seite geblieben und hatte mir seine Kraft, seine Liebe und seine Unterstützung geschenkt.

In diesen Augenblicken wurde mir klar, was Liebe zwischen Menschen tatsächlich bedeutet. Es kam mir vor, als dürfte ich erkennen: Selbst wenn ich Chris *ganz bewusst* hätte ausschließen wollen, er hätte genauso reagiert, wie er es getan hatte. Er wäre bei mir geblieben, so wie er jetzt wieder mit mir in die Klinik gefahren war. Ich wusste: Es war für ihn genauso schrecklich wie für mich, wieder im Krankenhaus zu sein. Aber während ich innerlich kochend dalag, wischte er mir sanft über die Stirn und tröstete mich in meinem Schmerz. Während der ganzen Zeit, die die Blutpatch-Prozedur dauerte, hielt Chris meine Hand und wich nicht eine Minute von meiner Seite, nicht mal, um zur Toilette zu gehen. Wie hätte ich anders können, als mich nur noch mehr in meinen Mann zu verlieben?

Außer dem Geschenk der Liebe meines Mannes machte Gott uns noch ein Geschenk, das meinem wunden Herzen großen Trost und immense Erleichterung brachte. Am Tag, nachdem ich den Blutpatch bekommen hatte, wachte ich segensreicherweise ohne Kopfschmerzen auf. Dafür überfielen mich Wellen von Zorn, als ich anfing, mich der Tatsache zu stellen, dass ich nie wieder auf das vollkommene kleine Kinn meines Sohnes schauen oder seine Lippen auf meinen spüren würde. Ich konnte mich kaum noch erinnern, wie er ausgesehen hatte, und hatte nur die wenigen Bilder, die meine Familie gemacht hatte. Warum hatte Gott meinen Sohn nicht beschützt? Und außerdem: Warum hatte er mich nicht wenigstens vor dieser falsch gesetzten Anästhesie bewahrt, die mir kostbare Zeit gestohlen hatte, in der ich meinen geliebten Sohn hätte in den Armen halten können? Warum musste denn hier wirklich *alles* danebengehen?

Es gab noch ein paar Dinge für die Beerdigung zu regeln und Chris rief den Bestatter an. Ich konnte den Schmerz in seiner Stimme fast körperlich spüren, während er Fragen des Bestatters zur Einäscherung von Jet beantwortete. Dann, als er schon auflegen wollte, fragte er noch: „Wo ist unser Sohn jetzt?" Vor meinen Augen blitzte das Bild einer kalten, sterilen, metallenen Bahre in einem Leichenschauhaus auf. Dann hörte ich Chris fragen: „Können wir ihn noch einmal sehen?"

Mein Kopf fuhr herum; ich war augenblicklich auf die Stuhlkante gerutscht und starrte Chris an. Ihn sehen? Ich hatte nicht gewusst, dass diese Möglichkeit überhaupt bestand.

Eine Stunde später standen wir in einem kleinen, friedvollen, warmen Raum und betrachteten unseren Sohn, der in eine weiße Decke gehüllt auf einem Kissen lag, als ob er friedlich schliefe. Wir blieben mehr als eine Stunde dort, weinten, nahmen ihn in den Arm und prägten uns jedes Detail seines kleinen, vollkommenen Körpers ein. Wir wickelten ihn in eine Decke, die unsere älteste Tochter für ihn ausgesucht hatte, und zeigten ihm ein paar Poster, die wir bereits an den Wänden seines Kinderzimmers aufgehängt hatten. Gott hat meinem gebrochenen Mutterherzen diese kostbare Zeit geschenkt und ich werde ewig dankbar sein für diese Stunde mit unserem wunderbaren Sohn.

Den Wellen standhalten

Als die ersten traumatischen Tage im Krankenhaus hinter uns lagen, erneuerten Chris und ich unser gegenseitiges Versprechen: Egal, was uns zustoßen würde, wir würden es gemeinsam durchstehen. Wir würden vielleicht ans Ende unserer Kräfte kommen, aber wir wollten einander nie aus unserem Leben ausschließen. Und als wir die ersten Schritte auf unserem Trauerweg machten, entdeckten wir bald, wie wichtig es war, dass wir uns dieses Versprechen gegeben hatten. Zwei Menschen können zwar denselben Verlust betrauern und doch die

Trauer selbst ganz unterschiedlich erleben. Chris hatte eine andere Beziehung zu Jet gehabt als ich und für ihn bedeutete der Verlust etwas anderes. Wir erlebten unseren Schmerz auch unterschiedlich stark. Es gab Tage, an denen er in Schmerz und Verwirrung fast unterging, während für mich der Schmerz gerade erträglich wurde und ich wieder etwas mehr Luft zu bekommen schien. Herauszufinden, wie wir einander in diesem Auf und Ab der Gefühle wirklich lieben konnten, war eine Herausforderung.

Anfangs waren wir beide ratlos, wie wir einander in unserem Schmerz beistehen konnten, gerade in Momenten, wenn wir den eigenen Schmerz kaum ertragen konnten. Die ersten Wochen nach Jets Tod waren besonders schwer, denn sie fielen in die Weihnachtsferien. Chris und ich hatten beide das Gefühl, wir dürften unserer Trauer nicht zu viel Raum geben, weil die Familie zu Besuch kam und wir auch wollten, dass die Mädchen das Fest und die Cousins und Cousinen genießen konnten. Ich verzog mich aufs Sofa und sah Disneyfilme, während die Kinder miteinander spielten und Chris sich die Zeit damit vertrieb, mit seinem Schwager Videospiele zu spielen.

An einem Nachmittag spielten die Kinder im Garten, während ich teilnahmslos auf einen meiner kitschigen Disneyfilme starrte und zu vermeiden versuchte, ins Nachdenken zu kommen. Ich konnte hören, wie Chris und mein Schwager in Chris' Arbeitszimmer über Kampfbomber und Geschosse sprachen. Wie aus dem

Nichts überfiel mich eine Welle von Schmerz und Zorn, dass ich dieses Weihnachten ohne eines meiner Kinder feiern musste. Ich stand auf und ging ins Arbeitszimmer, warf meinem Mann einen Blick zu, der besagte: „Ich brauche dich", und er stand sofort auf und folgte mir in unser Schlafzimmer. Ohne ein Wort warf ich mich aufs Bett und schluchzte. Chris hielt mich einfach im Arm, bis ich in der Lage war, meinen Kummer in Worte zu fassen, und mich wieder ein wenig mehr im Griff hatte.

Später am Abend bemerkte ich, dass Chris mit ausdruckslosem Blick am Tisch saß, wo die Familie die Reste vom Weihnachtsessen vertilgte. Nach einer Weile verließ er den Raum und ging nach oben in unser Schlafzimmer. Ich wusste, es ging ihm nicht gut, aber ich stand nicht sofort auf, um ihm nachzugehen. Seit meinem Tränenausbruch am Nachmittag hatte ich mich besser gefühlt und ich wollte dieses Gefühl bewahren. Ich hatte den Eindruck, heute nicht noch einen Zusammenbruch bewältigen zu können. Also redete ich mir selbstsüchtigerweise ein, mit Chris sei alles in Ordnung, und beobachtete meine Töchter, die mit ihren Weihnachtsgeschenken spielten und kicherten.

Doch nach einer Viertelstunde hielt ich es nicht mehr aus. Chris war am Nachmittag sofort für mich gewesen, als ich ihn brauchte, und ich musste es auch für ihn sein. Ich ging die Treppe hinauf und atmete tief durch, um mich für das zu wappnen, was ich als Ehefrau, die ihren Mann liebte, zu tun hatte – ihn in seinem Schmerz mit meiner Liebe zu begleiten, auch wenn ich selbst noch wund war vom Schmerz. Es erschreckte mich, ihn so weinen zu sehen, während ich ihm mit den Fingern durch seine lockigen Haare fuhr. Ich wollte so gern stark sein, ich wollte die perfekten Worte finden, die ihn trösten würden, aber alles, was mir in den Sinn kam, klang falsch in meinen Ohren. Der Moment zog sich in die Länge und mir wurde klar: Das Beste, was ich für ihn tun konnte, war, einfach da zu sein – so wie er für mich da gewesen war. Wir brauchten keine Worte; einfach zusammen zu weinen, war alles, was wir brauchten, und die Tränen würden den Schmerz lindern. Gemeinsam dort zu sein und einander zu haben, machte es irgendwie leichter, die Tränen fließen zu lassen.

Nach diesem Tag lernten wir, die Tränen zuzulassen, wenn uns wieder einmal eine Woge von Schmerz überflutete – was bei jedem von uns zu unterschiedlichen Zeiten geschah. Wir lernten, wie wir in diesen Momenten füreinander da sein, aber einander auch den nötigen Raum lassen konnten, Gedanken und Gefühle zu verarbeiten oder auszudrücken, wenn wir das brauchten. Wir lernten, den Schmerz des anderen nicht persönlich zu nehmen. Wir lernten anzuerkennen, dass jeder von uns einen eigenen Trauerprozess durchlebte. Und indem wir das akzeptierten, fühlten wir uns mehr miteinander verbunden und allmählich auch heiler. Die Flutwellen kamen immer weniger häufig.

Und dann kam der Tag, an dem mir bewusst wurde, dass die Flutwellen sich anders anfühlten – oder, genauer gesagt: Ich entdeckte, dass ich mich entschließen konnte, sie anders zu empfinden. Statt nur von Schmerz überflutet zu werden, konnte ich beschließen, dass ich die Wellen als Wellen der Liebe sehen wollte – Liebe zu einem Jungen, den ich neun Monate in meinem Leib getragen hatte, Liebe zu seinem Vater, zu unserer Ehe und zu unseren wunderbaren Kindern. Und Liebe zu Gott, der uns einander geschenkt hatte und nicht aufhört, uns seinen Trost und seinen Schutz in überwältigender Weise immer wieder neu zu schenken.

Die Flutwellen kommen immer noch von Zeit zu Zeit. Aber inzwischen habe ich keine Angst mehr vor den Tränen. Ich heiße sie willkommen. Sie erinnern mich immer wieder daran, dass ich in meinem Schmerz nicht allein bin. Ich bin geliebt und gehalten von einem Mann, der nie von meiner Seite gewichen ist und es auch nie tun wird, solange wir beide leben. Durch die Treue und die Gnade dessen, der uns eins gemacht hat, werden wir jeden unserer zukünftigen Tage gemeinsam bestehen.

7

Tattoo von der Güte Gottes

Gott aber sei Dank! Weil wir mit Christus verbunden sind, lässt er uns immer in seinem Triumphzug mitziehen und macht durch uns an jedem Ort bekannt, wer er ist, sodass sich diese Erkenntnis wie ein wohlriechender Duft überallhin ausbreitet.

2. Korinther 2,14

Als Kind hat man mir beigebracht, dass Jesus seine Jünger berufen hat, „Salz" und „Licht" für die Welt zu sein (Matthäus 5,13-14). Das bedeutete, dass wir uns nicht aus der Welt zurückziehen, sondern sie zum Guten beeinflussen sollten. Sehr lange habe ich mich immer, wenn ich diese Sätze wieder hörte, gefragt: „Aber wie kann ich mit meinem kleinen Leben denn irgendeinen

Einfluss nehmen?" Wie viele andere auch, brachte ich Einfluss nur mit Dingen in Verbindung, die bedeutend und öffentlichkeitswirksam sind – Politiker, Entertainer, Wirtschaftsbosse, Regierung, Wirtschaft, Kultur. Ich gehörte in keine dieser Sphären und nahm daher an, ich könnte nicht viel tun, was meine Umwelt in irgendeiner erwähnenswerten Hinsicht beeinflussen würde.

Dann lernte ich, dass die großen, wahrnehmbaren Dinge nicht die einzigen Ausgangspunkte sind, um Einfluss zu nehmen. Wir leben in einer Welt, in der wir alle miteinander verbunden sind, und deshalb kann jeder einen Einfluss ausüben. Selbst die unbedeutendsten und unbekanntesten Menschen können das Ganze beeinflussen, so wie ein winziger Keim den ganzen Körper krank machen oder genauso winzige Antikörper uns die Gesundheit wiederbringen können. Es ist sogar so: Wenn wir eine beliebige Erfindung oder Bewegung, die Gesellschaft und Kultur erheblich verändert haben, bis zu ihren Anfängen zurückverfolgen – sei es Technologie oder Mode oder eine geistliche Erweckung –, dann werden wir feststellen, dass sie meist irgendwo im Verborgenen und durch die Initiative von wenigen Einzelnen begonnen hat. Sogar die Geschichte des Evangeliums ist eine Geschichte von Menschen, die für die Berühmten und Mächtigen ihrer Zeit so gut wie unsichtbar waren. Wenn irgendetwas beweist, dass sehr kleine Veränderungen sehr große Veränderungen nach sich ziehen können, dann ist es die Geschichte von Jesus und seiner Gemeinde, die das Evangelium in die Welt trägt.

Lustigerweise ist es mein Muttersein, das mir die Augen dafür geöffnet hat, wie selbst der kleinste Mensch seine Umwelt beeinflussen kann. Im kleinen Königreich unserer Familie betrifft alles, was einer von uns tut, das Ganze – das gilt auch schon für unsere jüngste Tochter Aria. Jedes Mal, wenn unsere heiß geliebte Aria den Mund aufmacht, wirkt sich das auf uns alle aus. Aria hat absolut keine Vorstellung von so etwas wie „Zimmerlautstärke". Alles, was sie äußert – von einfachen Bemerkungen bis hin zu Fragen, Gekicher oder Wutanfällen – kommt mit derselben Lautstärke aus ihrem Mund: *LAUT*. Wir haben keine Ahnung, wo diese Lautstärke herkommt. Wir haben alles versucht, um ihr beizubringen, leiser zu sein, aber schließlich haben wir erkannt, dass wir diese Schlacht verlieren würden. Alles, was wir tun konnten, war, unsere Tochter einfach so sein zu lassen, wie sie ist.

Seitdem wir beschlossen hatten, dass auch unsere Umwelt Arias Einfluss spüren dürfen sollte, bin ich zu der Überzeugung gekommen, dass Arias extreme Lautstärke eine der Gaben ist, die sie der Welt zu geben hat. Weil sie so laut ist, zieht sie die Aufmerksamkeit auf sich, und sie behält sie, weil sie niedlich und witzig ist, auch wenn sie laut ist. Überall, wo wir sind, drehen sich die Köpfe um, wenn meine Tochter aus vollem Hals durch den Raum schreit: „MAMA, WOHIN GEHN WIR?" Doch statt, wie erwartet, ein Kind zu sehen, das kurz vor einem Wutanfall steht, entdecken die Leute ein Gesicht voller freudiger Erwartung, sodass sich niemand ein Lächeln verkneifen kann. Ich stelle mir Aria gern als alte Frau vor mit Augen, aus denen das Lachen blitzt, und einem Haus voller Freunde und Verwandte und lauter Musik. Aria ist der Inbegriff von Lebensfreude.

Ich habe verstanden, dass meine Aufgabe als Mutter nicht darin besteht, ihren Einfluss zu begrenzen, sondern ihr zu zeigen, wie sie ihn weise ausüben kann. Und diese Aufgabe haben wir alle. Jeder von uns hat Einfluss, egal, wo wir leben und arbeiten, wie unser wirtschaftlicher Status oder was unsere Gaben und Talente sind. Wir sollten nicht fragen: „Wie kann ich Einfluss ausüben?", sondern: „Auf wen in meiner Umgebung sollte ich Einfluss nehmen – und wie sollte dieser Einfluss aussehen?"

Die Güte Gottes

Die Frage: „Auf wen …" wird Gott jedem von uns anders beantworten, aber die Antwort auf die Frage: „Und wie …" dürfte einen roten Faden haben, der für alle gilt. Egal, wen Gott uns in den Weg stellt, und egal, welche Mittel er uns zur Verfügung stellt, um unseren Einfluss geltend zu machen, die Substanz dieses Einflusses ist die *Gute Nachricht* – die Nachricht davon, wie er unser Leben erneuert und uns seine Liebe offenbart, wenn wir unseren Weg in der Beziehung zu ihm gehen. Aber diese Gute Nachricht wird andere nur in dem Maß erreichen, wie sie uns selbst erreicht hat. Nicht unsere Information, sondern unsere Transformation bietet anderen etwas an, das sie ebenfalls verändern kann. Wenn wir anderen nahebringen wollen, dass das Evangelium tatsächlich eine gute Nachricht ist, dann kann das nur so geschehen, dass wir selbst eine Geschichte zu erzählen haben, wie wir Gott begegnet sind und wie seine Güte uns verändert hat.

Chris und ich können heute eine Geschichte davon erzählen, wie Gott uns in seiner Güte begegnet ist – gerade durch die Erfahrung, ein Kind zu verlieren. Ich verstehe vielleicht nicht wirklich, warum mein Sohn nicht mehr bei uns ist oder warum jeden Tag Kinder an Krebs oder aus anderen Gründen sterben. Aber ich verstehe vollkommen, dass durch all das hindurch Gott bei uns gewesen ist und es immer sein wird. Er verspricht seinen Frieden und sein Geleit und ich habe erlebt, was dieses Versprechen bedeutet. Und weil ich das wirklich verstehe, kann ich jedem, der meinen Weg kreuzt und diese Botschaft hören muss, diese Botschaft ausrichten.

Zwei Monate, nachdem wir Jet verloren hatten, beschlossen Chris und ich, dass wir uns zur Erinnerung an ihn Tattoos stechen lassen wollten.[7] Wir hatten den Eindruck, Tattoos könnten uns daran erinnern, dass das kurze Leben von Jet ein Zeugnis für Gottes Güte in unserem Leben gewesen ist – und sie würden es uns auch leichter machen, dieses Zeugnis an andere weiterzugeben. Die Tattoos sollten jeweils außen auf den linken Unterarm kommen und wir brüteten über verschiedenen Motiven, bis jeder eines für sich gefunden hatte.

Seit wir die Tattoos haben, vergeht kaum eine Woche, in der nicht jemand fragt, was mein Tattoo bedeutet. Ich habe schlicht die Worte „Jethro Dylan" gewählt, aber die Schrift ist verschnörkelt und nicht leicht zu lesen. Jedes Mal hat die Frage danach mir eine Tür geöffnet, kurz etwas von unserer Geschichte zu erzählen. Meist schließe ich mit den Worten: „Unser Sohn war ein Geschenk und ich bin so dankbar, dass Gott ihm einen sicheren Platz im Himmel geschenkt hat und dass er dort auf mich wartet."

Nicht selten scheinen die Menschen, mit denen ich spreche, überrascht, dass ich nicht bitter oder zornig auf Gott bin, weil ich Jet verloren habe. Viele Christen, so weiß ich inzwischen, kämpfen mit Zorn auf Gott, wenn sie einen geliebten Menschen verlieren, werfen ihm vor, dass er nicht eingegriffen hat, oder klagen ihn sogar an, ihnen den geliebten Menschen genommen zu haben. Wenn ich erkläre, dass nicht Gott mir meinen Sohn genommen hat, ernte ich manchmal ungläubige Blicke. Manchmal habe ich dann geantwortet, dass es der Feind ist, der kommt, um zu töten, zu stehlen und zu zerstören; nicht Gott (Johannes 10,10). Gott ist derjenige, der in Christus den Tod besiegt hat und in seiner Gnade alle Dinge erneuert und erlöst, auch wenn wir in diesem Leben noch den Schmerz von Tod und Verlust spüren. Es macht mich traurig, wenn ich sehe, wie gläubige Menschen auf solche Lügen über Gott und sein Wesen hereinfallen und in ihrer Trauer und ihrem Schmerz ihn, den einzigen und höchsten Tröster, von sich wegstoßen. Ich bin dankbar für jede Gelegenheit, in der mein Tattoo ein Gespräch eröffnet hat, in dem ich Menschen daran erinnern kann, wie gut Gott ist, und sie ermutigen kann, mit ihrem Schmerz zu ihm zu gehen.

Nicht alle, die mich nach meinem Tattoo fragen, sind Christen. Ich habe festgestellt, dass es sehr leicht ist, anderen von einem guten Gott zu erzählen, wenn sie meine Geschichte hören. Ein solch besonderes Gespräch fand in einem Nagelstudio statt, kurz nachdem ich mir mein Tattoo hatte stechen lassen. Eine Freundin hatte mir einen Gutschein für eine Maniküre und Pediküre geschenkt, weil sie fand, ich müsse mich ein wenig entspannen. Ich ließ mich auf keine Debatte ein und machte sofort einen Termin im Salon.

Schon während meiner Schwangerschaft mit Jet war ich ein paarmal in diesem Nagelstudio gewesen. Als ich eintrat, hoffte ich eigentlich, niemand würde mich erkennen und ich könnte mich einfach verwöhnen lassen, ohne viel reden zu müssen. Ich sank auf den Sessel, stellte die Massagefunktion an, steckte meine Füße in das perlende Wasser und schloss die Augen. Aber der selige Moment verflog, als die Kosmetikerin sich über mich beugte.

„Oh, hallo", sagte sie und lächelte breit. „Sie haben Ihr Baby bekommen! Zeigen Sie mir Bilder? Sollte er nicht Jeff heißen … oder war es Judd?"

Sofort standen mir die Tränen in den Augen. Ich wollte jetzt wirklich nicht darüber reden. Es laut auszusprechen, fühlte sich an, als drängen mir Dolche in die Brust. Meine Kehle schnürte sich zu und mein Herz schlug wild. Ich öffnete den Mund und wappnete mich für den sogleich erfolgenden Zusammenbruch, der unvermeidlich schien. Das einzige, was ich sagen konnte, war: „Er ist im Himmel. Er ist nicht hier."

Die Kosmetikerin sah mich erschrocken an. Dann ging ihr schlagartig auf, was meine Worte bedeuteten: Mein Sohn war tot, nicht lebendig, und es gab keinen Grund zum Feiern.

„Oh, das tut mir so leid", murmelte sie. Ohne weitere Worte machte sie sich daran, meine Zehennägel zu bearbeiten und Hornhaut von meinen Fersen zu hobeln.

Ich lehnte mich zurück und schloss die Augen, erleichtert, dass ich mich in Schweigen hüllen konnte, während ich versuchte, die Flut schmerzhafter Erinnerungen zurückzudrängen. Ich versank in einen Tagtraum, den ich schon oft geträumt hatte, seit ich Jet verloren hatte: ein verschwommenes, aber wunderbares Bild von meinem Sohn im Himmel, ein Lächeln auf seinem Gesicht. Als ich dieses Bild wieder vor mir sah, hatte ich das Bedürfnis, der Kosmetikerin zu sagen, dass ich nicht nur in einer traurigen Geschichte lebte, sondern auch in einer Geschichte der Hoffnung. Ich öffnete die Augen, um etwas zu sagen, als sie mir zuvorkam.

„Sie haben ein Tattoo", bemerkte sie. „Was bedeutet es?" In ihren Augen lag ein vorsichtiger, zögernder Ausdruck; sie hoffte offensichtlich, das Thema sei unverfänglich.

Ich lächelte sie an und sagte: „Ja, das ist der Name meines Sohnes. Jethro Dylan. Er ist ein wunderschönes

Kind. Ich habe tatsächlich ein paar Bilder, falls Sie sie sehen möchten."

Sie blickte immer noch skeptisch drein, nickte aber höflich. Ich nahm mein Handy heraus, und während ich ein paar Bilder von meinem Sohn aufrief, erzählte ich ihr von der Geburt. „Ich bin sehr traurig", sagte ich, „dass er von uns gegangen ist, aber ich habe völligen Frieden darüber, wo er ist. Ich bin so dankbar dafür, dass es einen Himmel gibt und einen Gott, der seine Arme öffnet und die Seele meines neugeborenen Sohnes an sein Herz drückt, während ich seinen Körper für eine kurze Weile in den Armen halte. Ja, ich vermisse meinen Sohn sehr, aber ich bin auch dankbar, dass ich weiß: Eines meiner Kinder wird keine Tränen kennen, keine Schmerzen oder aufgeschürften Knie, kein gebrochenes Herz oder finanzielle Schwierigkeiten. Eines meiner Kinder wird nur ein vollkommenes, glückseliges Leben kennen und dort wartet es auf mich. Das Warten wird mir lang werden, aber ihm wird es kurz vorkommen! Ich kann mir nichts Besseres wünschen, als einen glücklichen kleinen Jungen zu haben."

Die Kosmetikerin hörte mir mit feuchten Augen zu und schenkte mir ein flüchtiges Lächeln. Dann sagte sie leise: „Ich wünschte, ich würde Ihren Gott kennen. Was Sie sagen, klingt wie ein Märchen. Ich habe noch nie jemanden getroffen, der so vom Himmel gesprochen hat wie Sie."

„Was für einen Gott kennen Sie denn?", fragte ich interessiert.

„Ich weiß nicht. Ich glaube nicht an Götter. Aber ich muss sagen: Zum ersten Mal in meinem Leben bin ich wirklich neugierig auf den Gott der Bibel."

Ich lud sie in unsere Gemeinde ein. Sie bedankte sich, sagte aber, sie werde in der nächsten Woche fortziehen. Als ich ging, war ich zunächst enttäuscht, dass es mir nicht gelungen war, sie in eine Beziehung zu Jesus zu führen. Aber dann wurde mir klar: Ich hatte sie in diese Richtung geführt. Es musste ja nicht gerade ich sein, die ein Übergabegebet mit ihr sprach oder sie zum ersten Mal in eine Kirche brachte. Ich musste nur einen Samen in ihr Herz pflanzen, indem ich ehrlich von dem Gott erzählte, dem ich diene. Nach unserem Gespräch war sie definitiv offen gewesen, mehr zu erfahren. Die nächsten Schritte lagen zwar nicht mehr in meiner Hand, aber ich konnte sicher sein, dass unsere Familiengeschichte irgendwo in ihrem Gedächtnis hängen geblieben war. Sie wird sich immer an die verrückte Kundin erinnern, die von einem Gott erzählte, der gut und wunderschön war, wie im Märchen.

Seine Güte ist real

Eines der sichersten Anzeichen, dass wir anderen den wahren Gott vor Augen stellen, ist es, wenn sie anfangen zu erkennen, wie Gott angesichts einer Welt voller Schmerz, Leid und Sünde gut sein kann – beinahe zu gut, um wahr zu sein. So viele Menschen lehnen die Vorstellung eines Gottes ab, weil sie nicht begreifen, wie ein guter Gott all das zulassen kann. Wir haben das Vorrecht, ihnen die Augen dafür zu öffnen, dass Gottes Güte mitten in all den schrecklichen Realitäten dieser Welt am Werk ist und Heilung, Erneuerung, Erlösung und Freude schafft.

Die Güte Gottes in unserem Leben hat die Macht, andere zu beeinflussen, weil sie real ist und weil sie anziehend ist. Leider scheint es manchmal so, als glaubten viele Christen, sie sollten die Welt nicht mit Gottes Güte gewinnen, sondern mit Angst und Einschüchterung. Die Bibel sagt, was uns dazu bringt, Gott zu suchen, ist seine Güte (Römer 2,4), und was uns motiviert, andere zum Glauben einzuladen, ist seine Liebe: „Bei allem ist das, was uns antreibt, die Liebe von Christus", schreibt Paulus. „Ja, in der Person von Christus hat Gott die Welt mit sich versöhnt, sodass er den Menschen ihre Verfehlungen nicht anrechnet; und uns hat er die Aufgabe anvertraut, diese Versöhnungsbotschaft zu verkünden" (2. Korinther 5,14.19).

Die Menschen hungern nach etwas Realem, Authentischem, aber sie haben keine Ahnung, wo sie es finden können. Die meisten Menschen lieben es, wenn jemand sich ein Herz fasst und „seine Geschichte erzählt", weil sie hoffen, irgendwo in dieser Geschichte finden sie ein Stück Wahrheit, das ihren geistlichen Hunger nach Wirklichkeit stillen kann. Aber es gibt nur eine Quelle von Wahrheit und Wirklichkeit, und davon sollten die Geschichten reden, die wir als Christen erzählen. Unsere

Geschichten sind authentisch und Leben spendend – nicht weil wir bereit sind, unsere Geheimnisse an die Öffentlichkeit zu zerren, sondern weil es Geschichten sind, in denen die Güte Gottes aufleuchtet.

Ich für meinen Teil möchte gern, dass mein Glaube an die Güte Gottes laut für sich spricht, so wie meine Tochter Aria. Ich wünsche mir, dass Menschen die Köpfe verdrehen und sich fragen, wie ich glücklich sein kann; und ich möchte in der Lage sein, ihnen zu zeigen, wie beständig Gottes Güte ist – jetzt und überall! Es ist eine Freude und ein Privileg, dass ich aufstehen kann und sagen: „Wenn ihr die Wirklichkeit sucht – hier findet ihr sie. Gott ist gut, er liebt uns und mein Leben ist der Beweis dafür."

8

Noch näher

von Chris Quilala

Mein ganzes Leben ist dem Ziel verschrieben, Jesus durch Lobpreis zu dienen und andere dazu anzuleiten, dasselbe zu tun. Seit meiner Teenagerzeit ist kaum eine Woche vergangen, in der ich nicht eine Lobpreisband geleitet oder in einer gespielt habe, Lobpreissongs komponiert, an einem Lobpreisalbum gearbeitet habe oder um die Welt gereist bin, um irgendwo einen Lobpreisgottesdienst zu leiten oder andere Lobpreisleiter auszubilden. Jeden Tag singe ich davon, wie gut Gott ist, und gebe ihm die Ehre dafür, dass er so gut, treu, freundlich, mächtig und liebevoll ist. Ich lebe inzwischen in der Freude über seine Gegenwart und bin immer neu ehrfürchtig erstaunt, wie er sofort zur Stelle ist, wenn seine Leute ihm ihr Herz ausschütten. Ganz ehrlich – ich kann mir nicht vorstellen, wie ich meine Zeit verbringen sollte, wenn nicht so. Natürlich stimmt es: Alles, was wir im Leben tun, können wir für Gott tun und ihn darin ehren, aber der Ort, an dem ich Gott am liebsten begegne, sind Anbetungssongs und Lobpreislieder. Die Vorstellung, dass genau das eine unserer Hauptbeschäftigungen im Himmel sein wird, macht mich wirklich glücklich.

Unter all den Lobpreistreffen, an denen ich je teilgenommen habe, war keines wie das, das Alyssa und ich mit Familie und Freunden in unserem Wohnzimmer veranstalteten, nachdem wir erfahren hatten, dass unser Sohn Jethro keinen spürbaren Puls mehr hatte.

Es waren Stunden, in denen ich mit drei Wahrheiten rang, die meine Seele zerrissen, wie ich es noch nie erlebt hatte. Die erste Wahrheit lautete: Mein Sohn war – glaubte man den medizinischen Experten, der Technologie und allen anderen physischen Symptomen – nicht mehr am Leben. Die zweite Wahrheit war: Gott kann Tote zum Leben erwecken. Und die dritte Wahrheit lautete: Wie immer die Sache ausging – Gott war trotzdem gut, souverän und aller Ehre und Anbetung wert.

Keine dieser drei Wahrheiten stand für mich wirklich infrage. So vernichtend die Aussage des Arztes nach dem Ultraschall gewesen war, so unbestreitbar war sie auch. Es konnte keinen Zweifel geben: Nur ein Wunder konnte hier noch etwas ändern. Obwohl mir Trauer und Hoffnungslosigkeit bereits das Herz schwer machten, wusste ich: Wir würden um ein Wunder beten. Ich bin in einer Gemeinde und einer Bewegung groß geworden, in der mir ständig aus der Bibel, der Geschichte, in zahllosen Zeugnissen und in meiner eigenen Erfahrung überwältigende Beweise dafür vor Augen gestellt wurden, dass Gott ein Gott ist, der Wunder tut. Deshalb gehörte es zu meinen tiefsten Überzeugungen, dass wir gerade dann mit ihm rechnen sollten, wenn die Umstände das als unmöglich erscheinen lassen.

Dass unser Pastor, Bill Johnson, bei uns war, machte es viel leichter, Gott um ein Wunder anzuflehen. Bill war schon lange ein Vorbild für mich, wie man in einer Situation wie dieser beten kann. Neun Jahre zuvor hatte ich die Ehre gehabt, zusammen mit unserer Gemeinde Bill und der ganzen Familie Johnson zur Seite zu stehen und für Bills Vater Earl zu beten, der an Krebs im Endstadium litt. Es war eindrucksvoll zu sehen, wie Bill trauerte und doch keinen Deut von der Wahrheit abwich, die er immer gepredigt und gelebt hatte: dass Jesus am Kreuz für unser Heil bezahlt hat und dass er uns berufen hat, ihm auch darin nachzufolgen, dass wir Sünde, Krankheit und Tod entgegentreten.

Noch beeindruckender war es dann, wie Bill uns half, damit umzugehen, dass Earl schließlich heimging zu Gott. Er verkündete schlicht und einfach, wir dürften nicht zulassen, dass ein Ausgang, den wir nicht verstanden, unser Vertrauen auf das untergrübe, was wir verstehen und kennen: nämlich das Wesen Gottes und seinen Willen, wie ihn das Wort Gottes und unser Leben offenbaren. Wir würden nicht zulassen, dass das Ausbleiben eines konkreten Wunders in einer bestimmten Situation unsere Dankbarkeit und unser Wissen von all den anderen Wundern überlagerte, die Gott bereits getan hatte und noch immer tut.

Glaube, der Gott gefällt, so erinnerte Bill uns, besteht darin, an der ewigen, unsichtbaren Wirklichkeit festzuhalten, gerade dann, wenn unsere wandelbare, zeitliche, sichtbare Realität ihr entgegensteht. Wir mögen den Verlust unserer Lieben betrauern oder auch enttäuscht sein, wenn Dinge anders kommen, als wir erhofft haben; aber wir dürfen nicht zulassen, dass aus Trauer und Enttäuschung Verbitterung und Unglaube werden. Wir müssen Gott auch dann vertrauen, wenn seine Wege geheimnisvoll sind.

Während der ganzen Zeit, in der wir um das Leben seines Vaters kämpften, um ihn trauerten und dann sein Vermächtnis feierten, hielt uns Bill immer wieder an, im Lobpreis zu bleiben. Immer wieder rief er uns in Erinnerung, dass der Entschluss, angesichts von Verlust und Enttäuschung Gott anzubeten und zu preisen, ein kostbares Opfer sei, das man Gott nur in solchen Momenten darbringen könne. Im Himmel werden alles Seufzen und aller Kummer ein Ende haben. In der Ewigkeit werden wir, soweit wir wissen, keine Gelegenheit mehr haben, Gott unter Tränen ein Opfer zu bringen, das ihm gefällt. Diese Chance haben wir nur in diesem Leben, wo noch gilt: „Den Abend lang währet das Weinen" (Psalm 30,6; L).

Jeder, der damals vor neun Jahren zu unserer Gemeinde gehörte, erinnert sich noch heute daran, mit welcher Integrität und Führungsstärke Bill in der Zeit des Verlustes agierte. Wir alle spüren die Nachwirkungen noch immer. Damals hat er uns einen Weg gebahnt, dem wir folgen können, wenn wir jetzt einen Verlust oder eine Enttäuschung erleben – einen Weg, auf dem wir uns weigern, unseren Glauben und unser Vertrauen auf Gott schmälern zu lassen, sondern ganz bewusst umso mehr voll Zuversicht und in aller Demut seine Nähe suchen.

Als Bill in unserem Wohnzimmer stand und darum betete, dass Gott unseren Sohn ins Leben zurückrief, wurde mir klar, dass dies meine Chance war, diesen Weg ebenfalls zu betreten. Es war ein Moment, in dem es galt, Integrität zu beweisen – zu praktizieren, was meine geistlichen Väter und Mütter mir vorgelebt hatten und was ich ja auch selbst seit Jahren predigte und zu glauben vorgab. Seit Jahren war ich Tag für Tag, Woche um Woche aufgestanden und hatte Texte wie den folgenden gesungen:

Durch alle Zeiten bleibst du derselbe.
Deine Liebe wandelt sich nicht.
Mag die Nacht auch Schmerzen bringen,
der Morgen bringt Freude.
Und wenn der Ozean sich auftürmt,
muss ich mich nicht fürchten,
denn ich weiß, dass du mich liebst.
Deine Liebe versagt nie.[8]

Immer wieder hatte ich proklamiert, dass Gott sich treu bleibt, egal, wie die Umstände sind. Und wenn er unwandelbar ist, dann sollte sich auch die Antwort, die ich ihm gebe, nicht verändern. Wenn ich nun angesichts des Verlustes meines Sohnes meine Haltung Gott gegenüber änderte, würde das bedeuten, dass ich nie wirklich geglaubt hatte, was ich über Gott gesagt hatte.

Und so sangen wir an jenem Abend in unserem Wohnzimmer Lobpreislieder. Ich pries Gott in dem Krankenzimmer, in dem meine Frau in den Wehen lag; als wir Jethro in den Armen hielten und wussten, dass es das Wunder, an das wir glauben und um das wir gebeten hatten, nicht geben würde. Letzten Endes entschlossen wir uns, nicht so sehr an einen bestimmten Ausgang zu glauben, sondern an IHN – und daran, dass er genau der Gott war, an den wir immer geglaubt hatten.

Hinter dem Schleier

Wenige Tage nach diesem unvergesslichen Lobpreistreffen hatten wir ein weiteres beim Gedenkgottesdienst für Jethro. Jeder Song, den wir dafür ausgesucht hatten, war eine ganz bewusste Erklärung, die wir Gott bei diesem Anlass geben wollten. Wir sangen einen Song von mir: „Mein Alles", in dem es heißt: „Du bist mein Alles, alles, was ich brauche, finde ich in dir, und alles, was ich habe, alles, was ich bin, ist in dir …" Wir sangen „10 000 Gründe" von Matt Redman und erklärten: „Was auch vor mir liegt, und was immer auch geschehen mag – lass mich noch singen, wenn der Abend kommt! … Komm und lobe den Herrn, meine Seele, sing."[9] Wir verkündeten: „In Christus ist mein ganzer Halt. Er ist mein Licht, mein Heil, mein Lied. Der Eckstein und der feste Grund, sicherer Halt in Sturm und Wind."[10] Hunderte Male hatten wir diese Songs schon gesungen, aber in diesem Moment waren die Worte viel gewaltiger und bedeutungsschwerer, weil wir ganz bewusst einen Preis zahlten und mitten im Schmerz Gott unser Lob brachten. Wir wollten ihm so gern schenken, was wir ihm nur in diesem Moment schenken konnten.

Wir bekräftigten, wer Gott für uns war, wir unterstrichen, dass wir uns ihm verpflichtet hatten – und während wir das taten, bekam ich einen ganz neuen Blick für die Bedeutung weiterer Zeilen in diesen Songs. Ich hatte schon immer die letzten Zeilen von „10 000 Gründe" und „In Christus ist mein ganzer Halt" geliebt, die ausmalen, wie es sein wird, wenn wir in der Ewigkeit ankommen:

Und wenn am Ende die Kräfte schwinden,
wenn meine Zeit dann gekommen ist,
wird meine Seele dich weiter preisen,
zehntausend Jahre und in Ewigkeit![11]

Nun hat der Tod die Macht verlor'n.
Ich bin durch Christus neu gebor'n.
Mein Leben liegt in seiner Hand
vom ersten Atemzuge an.
Und keine Macht in dieser Welt
kann mich ihm rauben, der mich hält,
bis an das Ende dieser Zeit,
wenn er erscheint in Herrlichkeit.[12]

Als ich diese Worte auf der Gedenkfeier für unseren Sohn sang, ergriff mich das Bewusstsein der Ewigkeit wie nie zuvor. Ich wusste: Mein Sohn war nicht tot, sondern sehr lebendig – und er war bei Gott. Trost, Frieden und Sehnsucht überfielen mich in Wellen, als ich mir meinen Sohn in den Armen seines himmlischen Vaters vorstellte. Ich wusste, es würde einen Tag geben, an dem auch ich ihn in den Armen halten würde.

Dieses Bewusstsein der Ewigkeit, das Gefühl, dass der Schleier zwischen diesem Leben und dem nächsten hauchdünn ist, hat mich seit dem Gedenkgottesdienst für Jet nie mehr verlassen. Ich erinnere mich daran, wie ich meinen Song „Alleluia" zum ersten Mal nach Jets Beerdigung wieder sang. Bei den Worten „Mit dem ganzen Himmel singen wir" kam es mir vor, als könnte ich dieses Heer von Stimmen vor dem Thron Gottes beinahe hören – und die Stimme meines Sohnes war auch dabei. Heute empfinde ich eine Verbindung mit dem Himmel, die ich früher nicht gekannt habe. Ich weiß, der Himmel ist so nah wie eh und je, aber mir kommt er näher vor, weil ich jemanden kenne, der bereits dort ist.

Der Anker der Seele

Menschen, die einen Trauerprozess durchleben, können darin stecken bleiben, indem sie fragen: „Gott, warum hast du das zugelassen?" Für mich stellte sich diese Frage in den Wochen und Monaten nach Jets Beerdigung nie

ernsthaft. Stattdessen fragte ich mich: „Und was jetzt?"
Ich wusste ganz einfach nicht, wie ich auf all das reagieren sollte, was der Tod meines Sohnes in meinem Herzen ausgelöst und durcheinandergebracht hatte.

Die erste Antwort auf die Frage „Und was jetzt?" war diese: Ich musste die Frage so stellen, dass sie mich in Gottes Arme trieb und nicht von ihm fort. Und das hieß, ich musste meine Gefühle offen eingestehen. Manchmal stellte ich diese Frage voller Schmerz und Trauer, dann wieder voll Zorn und Enttäuschung. Aber jedes Mal spürte ich, wie Gottes Freundlichkeit, Güte und Annahme mich überströmten. Ich erfuhr, dass es wahr ist: Er ist ein guter Vater. Er kann alle meine Gefühle aushalten und er liebt es, wenn ich aufrichtig und ehrlich zu ihm bin.

Seine Liebe zu spüren, gab mir die nächste offensichtliche Antwort auf mein „Und was jetzt?": Tun, was ich immer getan hatte – ihn preisen. Ich lobte Gott für seine Freundlichkeit und Gnade, für seine Treue und Beständigkeit. Ich pries ihn dafür, dass er ein sicherer Zufluchtsort ist, an dem ich mich mit meinem Schmerz bergen konnte. Und unweigerlich fand ich durch den Lobpreis wieder zu Freude und Hoffnung.

So verletzlich, ehrlich und lobpreisend vor Gott zu stehen, ließ mein Herz empfänglich und empfindsam bleiben und war ein Weg zur Heilung. Wenn wir emotionalen Schmerz erleben, ist es so leicht, Schutzmauern um Herz und Seele zu bauen, um damit fertigzuwerden. Aber das beeinträchtigt unsere Fähigkeit zu fühlen. In meinem Fall war ein guter Gradmesser, ob mein Herz sich verhärtete, dass ich mir Fotos von meinem Sohn ansah. Es gab Zeiten, da kamen mir sofort die Tränen, wenn ich nur ein Bild betrachtete. In anderen Momenten empfand ich Zorn und Enttäuschung und wusste, ich stand in der Gefahr, Selbstschutzmechanismen aufzubauen. Dann wandte ich mich bewusst an Gott und sagte ihm: „Ich bin zornig und enttäuscht. Aber ich weiß, du bist gut und verlässlich und ich brauche dich." Und in jedem dieser verletzlichen Momente antwortete Gott auf eine Weise, die meinem Herzen Hoffnung gab und Heilung schenkte.

Die nächste Antwort, die ich auf die Frage „Und was jetzt?" bekam, war einfach die, andere wissen zu lassen, dass wir durch ein Tal der Tränen gingen, und die Hoffnung, die uns aufrechthielt, mit ihnen zu teilen. Immer wieder fragen Menschen Alyssa oder mich, ob wir nach dem Tod von Jet mit Depressionen zu kämpfen hatten, und ich konnte darauf immer ehrlich antworten: Nein, das war nicht der Fall. Wir haben Momente und ganze Tage erlebt, an denen wir tieftraurig waren, aber diese Trauer glitt nie ab in Hoffnungslosigkeit. Das liegt sicher auch daran, dass wir die ganze Zeit hindurch an dem festgehalten haben, was wir immer von Gott gewusst und geglaubt haben. Anstatt an Gott und seinen Verheißungen zu zweifeln, als die Umstände es nahelegten, haben wir unser Möglichstes getan, uns an ihn zu wenden, ihm zu vertrauen und umso fester an ihm festzuhalten. Wir haben unsere ganze Hoffnung auf ihn gesetzt und,

wie der Hebräerbrief sagt, diese Hoffnung ist ein Anker
für unsere Seele geworden:

> So sollten wir durch zwei Zusagen, die nicht wan-
> ken – denn es ist unmöglich, dass Gott mit ihnen
> lügt –, einen starken Trost haben, die wir unsre
> Zuflucht dazu genommen haben, festzuhalten an
> der angebotenen Hoffnung. Diese haben wir als
> einen sicheren und festen Anker unsrer Seele.
> Hebräer 6,18-19

Wenn Christen, die Schweres erleben, sich von Gott ab-
wenden – und leider tun das viele –, ist das ein Zeichen
dafür, dass sie ihn noch nicht als ihre wahre Hoffnung
ergriffen haben. Hoffnung ist ein Anker, etwas Solides,
das uns durch die stürmischen Wogen unserer Lebensumstände hindurch an der Wirklichkeit Gottes und seiner Verheißungen festmacht. Seine Verheißungen sind
unsere Zuflucht, unser sicherer Ort. Wenn wir auch mit
ten in schwierigen Umständen an der Hoffnung festhalten, halten wir uns an das Einzige, was uns in diesen
Umständen siegreich sein lässt.

Immer wieder haben Menschen mir gesagt: Mitzuerle-
ben, wie Alyssa und ich nach Jets Tod ganz bewusst unsere Hoffnung auf Gott gesetzt haben, habe ihnen geholfen zu erkennen, dass sie im Hinblick auf ihren eigenen
Glauben und ihre eigene Hoffnung noch ein bisschen
Arbeit vor sich hätten. Mein Schwager, selbst Christ, hat
mir gestanden, er hätte erkannt, dass er noch nicht alle

Nachwirkungen verarbeitet hätte, die der Krebstod seiner Mutter einige Jahre zuvor auf ihn gehabt hatte.

Nach einem Vortrag kam ein Mann auf mich zu und sagte: „Ich habe auch kürzlich ein Kind verloren." Im Gespräch wurde dann deutlich, dass das bereits *neun Jahre* her war und dass er in dieser Zeit sehr finstere Wege gegangen war. Er glaubte zwar an Gott, sagte er mir, aber er hatte ihm nie wirklich vertrauen oder zulassen können, dass der Heilige Geist sein Herz tröstet und heilt. Neun Jahre später standen seine Schutzmauern noch immer und er hatte mit Verbitterung zu kämpfen. Ich betete mit ihm, dass Gott ihm die Gnade schenken möge, seine Mauern einzureißen und sein Herz für die überwältigende Gnade und Freundlichkeit von Jesus zu öffnen.

Ich habe ganz bestimmt alles Mitgefühl für Menschen, die versuchen, mitten in Schmerz und Verlust Gott zu vertrauen – das ist nicht leicht. Ich weiß, dass ich selbst diese Etappe in unserem Leben nicht so gut gemeistert hätte, wenn ich keine Freunde und Vorbilder gehabt hätte, die mir vorgelebt haben, wie sie angesichts von bitteren Verlusten an Gott festgehalten haben. Von ihnen habe ich gelernt: Unser Vertrauen auf Gott zu setzen, wenn wir ihn nicht verstehen oder er uns enttäuscht, kann zwar das Äußerste von uns fordern, aber es ist die einzige Option, an der wir nicht zerbrechen werden. Es mag sich anfühlen wie auf einer Streckbank, aber dieses Gestrecktwerden macht uns stark – und ich betrachte es als eine Ehre, dass ich heute ein Mensch bin, der seine Stärke anderen zur Verfügung stellen kann.

Und es gibt noch eine letzte Antwort auf mein „Und was jetzt?": Ich möchte mein Möglichstes tun, um mir mein geschärftes Bewusstsein für die Ewigkeit zu erhalten. Denn ich habe ein Kind, das bereits dort ist. Schon immer war es mir ein Anliegen, mein Leben im Licht der Ewigkeit zu leben, es so einzusetzen, dass ich einmal, wenn ich vor meinem Herrn stehe, von ihm höre: „Sehr gut, du tüchtiger und treuer Diener." Ich will nicht mein eigenes kleines Königreich bauen oder mich in Dingen verlieren, die keinen Bestand haben. Zu wissen, dass mein Sohn bereits in jenem Reich ist, für das ich lebe, dass er bereits zu der „Wolke der Zeugen" gehört, die mich umgibt, während ich mein Rennen laufe, und dass er mich erwartet, wenn ich die Ziellinie meines Lebens erreiche, hat die Ewigkeit für mich sehr viel realer gemacht.

In allem, was ich tue – meine Frau und meine Töchter lieben, mich für andere einsetzen, Gott dienen –, ist mein Herz auf den Himmel ausgerichtet. Alles, was ich tue, soll mich und die Menschen, mit denen ich lebe, der Ewigkeit näher bringen – an jedem einzelnen Tag.

9

Versuch es nie allein

Von deinem Freund und deines Vaters Freund lass
nicht ab. Geh nicht ins Haus deines Bruders,
wenn dir's übel geht. Ein Nachbar in der Nähe
ist besser als ein Bruder in der Ferne.

Sprüche 27,10 (L)

Als ich nach Redding in Kalifornien zog, war es mein
tiefer Wunsch, Menschen zu finden, mit denen ich dauerhafte Freundschaften schließen konnte. Als Kind und
Jugendliche hatte ich immer nur relativ kurzfristige
Freundschaften erlebt. Meine Familie war oft umgezogen und es gab noch nicht die Kommunikationstechno-
logie, die es uns ermöglicht hätte, ständig in Verbindung
zu sein (soziale Medien existierten noch nicht und SMS
tauchte gerade erst am Horizont auf). Meine Beziehungen brachen dementsprechend meist ab, kurz nachdem
wir wieder einmal umgezogen waren. In L. A. fand ich

eine sehr gute Freundin und die Verbindung blieb bestehen; bis heute sind wir eng befreundet. Trotzdem hatte
ich immer die Hoffnung, dass ich irgendwann einmal
an einem Ort landen würde, wo ich langfristige Freundschaften pflegen konnte.

Wie es sich ergab, traf ich in Redding schließlich meinen besten Freund fürs Leben – Chris. Aber unsere Hei-
rat vertiefte meinen Wunsch nach engen und beständ-
digen Freundschaften eher noch. Chris brachte ganz
andere Erfahrungen mit als ich. Er war in Redding geboren und aufgewachsen und seine besten Freunde waren
Menschen, die er seit dem Kindergarten kannte! Für
mich war es eine völlig neue Erfahrung, Chris' Freunde
zu treffen und plötzlich zu einer Gruppe von Menschen
zu gehören, die einander schon Jahrzehnte kannten und
mochten. Sie waren gemeinsam durch dick und dünn
gegangen, hatten wichtige Meilensteine im Leben gemeinsam gefeiert und mittlerweile gab es ein hohes Maß
an gegenseitigem Vertrauen und Loyalität. Mein Mann
musste sich nie fragen, an wen er sich wenden könnte,
wenn er einen guten Rat, Hilfe, Unterstützung oder einfach nur jemanden brauchte, mit dem er einen schönen
Abend verbringen konnte. Er hatte sein Leben lang in
ein Beziehungskonto investiert und konnte nun auf diesen Reichtum zurückgreifen, wann immer er wollte.

Dieser Beziehungsreichtum war etwas, das mich sehr
anzog. Ich wünschte mir, dass mein Leben und das Leben unserer Familie in einer solchen Gemeinschaft ver-
ankert wären. Immer wieder träumte ich davon, dass

meine Kinder es genauso erleben sollten wie Chris. Ich stellte mir vor, sie würden Freunde finden, mit denen sie Grundschule, Mittel- und Oberstufe und vielleicht auch die jeweiligen Hochzeiten gemeinsam erleben würden, und schließlich würden auch ihre Kinder und die ihrer Freunde gemeinsam aufwachsen.

Diese Hoffnungen und Träume nahmen immer konkretere Form an und ich begann, Freundschaften bewusster aufzubauen. Ich ging die Reihe der Frauen durch, zu denen ich in Redding bereits Kontakt hatte, und überlegte, mit wem ich mir wohl eine dauerhafte Freundschaft vorstellen konnte. Mit wem konnte ich mir vorstellen, auch in zehn, zwanzig oder dreißig Jahren noch verbunden zu sein? Ich beschloss, in Beziehungen, die dieses Potenzial hatten, gezielt zu investieren, und in jedem einzelnen Fall hat diese Investition sich ausgezahlt. Aus den Monaten, die wir gemeinsam bei einer Tasse Kaffee, Grillpartys, Spieltreffen der Kinder, Lobpreisabenden oder Gottesdiensten verbrachten, wurden Jahre und ich hatte das Gefühl, dass meine Träume von Gemeinschaft und Verbundenheit allmählich wahr wurden.

Dann ließ unser Freund und Gründer von Jesus Culture, Banning Liebscher, eine Bombe platzen und all meine rosigen Visionen von sich vertiefenden Beziehungen lösten sich in Luft auf. Er kündigte an, dass er Jesus Culture nicht mehr in Redding, sondern in Sacramento weiterführen und dort eine Gemeinde gründen wolle. Wir wussten sofort: Er ging davon aus, dass wir mitkamen – nicht aus Verpflichtung, sondern weil wir spürten, dass unser Wunsch, mit Banning zusammenzuarbeiten und seine Vision zu teilen, von Gott kam. Banning hatte Chris immer eine Bühne gegeben, auf der er weitergeben konnte, was ihn leidenschaftlich bewegte, und er hatte uns jahrelang als wunderbarer Leiter und Arbeitgeber unterstützt. Er genoss unser volles Vertrauen und wir wollten weiter mit an dem Platz arbeiten, an den Gott ihn und Jesus Culture rief.

Obwohl wir viel Bestätigung dafür erhielten, dass der Umzug nach Sacramento das war, was Gott für unsere Zukunft vorgesehen hatte, begeisterte der Gedanke an den Umzug mich überhaupt nicht. Ich hatte mir vorgestellt, dass ich in Redding alt und grau werden würde und meine Kinder ebenfalls! Diesen Traum aufgeben zu müssen, verunsicherte und enttäuschte mich. Es brauchte einige Zeit mit Gott, diese Gefühle zu verarbeiten und die Hoffnung zu entwickeln, dass ich ein paar meiner Beziehungen aus Redding weiterführen und in Sacramento neue Freundschaften schließen können würde.

In dieser Übergangszeit gab es noch eine weitere herausfordernde Dynamik: Jesus Culture wuchs zu dieser Zeit rasant schnell und das bedeutete, dass Chris' Popularität und Bekanntheit ebenfalls spürbar zunahmen. In den Jahren vor der Neugründung gab es ständig mehr und größere Jesus-Culture-Konferenzen, Tourneen, neue Musikalben und sonstige Projekte, die Chris leitete oder bei denen er mitarbeitete. Inzwischen hatte ich meine eigenen Projekte zu Fitness und gesunder Ernährung für

Mütter in den sozialen Medien entwickelt und auch eine beträchtliche Anzahl Follower gefunden – zum Teil, weil ich als Frau von Chris bekannt war.

Ich hatte nie zuvor irgendwo im Rampenlicht gestanden, und dass es gerade jetzt, wo ich in eine fremde Stadt ziehen sollte, dazu kam, weckte in mir Befürchtungen im Blick auf neue Freundschaften. Was würden die Menschen in Sacramento von mir halten? Was, wenn sie mich gar nicht für so großartig hielten, wie ich in den sozialen Medien rüberkam? Was, wenn ich auch Chris schlecht aussehen ließ? Ich weiß, das klingt melodramatisch, denn eine solche Berühmtheit bin ich nun auch nicht. Aber es war seltsam, immer wieder Menschen zu begegnen, die mich als die Frau des bekannten christlichen Künstlers und Musikers kannten und anscheinend ein ganz bestimmtes Bild von mir hatten.

Langsam verließ mich mein Selbstvertrauen und ich fühlte mich so unsicher wie seit meinen Teeniejahren nicht mehr. Die Vorstellung, dass jeder, den ich kennenlernte, schon eine feste Meinung über mich hätte, noch bevor ich ein einziges Wort herausgebracht hatte, verfolgte mich so sehr, dass ich mich völlig zurückzog und zu Hause vergrub. Statt mich zu bemühen, in Sacramento neue Freunde zu finden, blieb ich auf Distanz und wünschte, es gäbe eine Abkürzung dahin, Frauen zu finden, die wirklich an mir interessiert waren. So gut ich konnte, füllte ich meinen Freundschaftsvorrat mit gelegentlichen Anrufen und Besuchen bei meinen besten Freundinnen in Redding auf.

Dann verloren wir Jet. Ich weiß nicht, wie lange ich mich mit meinem angeschlagenen Selbstvertrauen noch verkrochen hätte, wenn das nicht passiert wäre. Aber als es geschah, konnte ich mich nicht länger verstecken. Weder Chris noch ich selbst hatten jemals einen so schlimmen Verlust erlebt und wir stellten fest, dass wir das Geschenk von Gemeinschaft so verzweifelt brauchten wie nie zuvor. Was unsere Gemeindefamilien in Redding und in Sacramento in dieser Zeit an Liebe und Unterstützung für uns aufbrachten, war wirklich enorm. Ich kann mir nicht vorstellen, wie es gewesen wäre, wenn wir versucht hätten, diese Zeit ohne den Trost, die Gebete, die Großzügigkeit, Freundlichkeit und das Verständnis dieser Gemeinschaft zu überleben.

Gemeinsam sind wir stärker

Diese Zeit, in der ich so verletzlich und so sehr auf andere angewiesen war, hat mir ein paar Wahrheiten tief ins Herz eingeprägt. Erstens: Es steht außer Frage, dass wir alle Gemeinschaft genauso sehr brauchen wie Nahrung, Wasser und ein Dach über dem Kopf. Es ist keine Option – wir können schlicht und einfach nicht leben ohne Beziehungen. Die Bibel sagt an keiner Stelle: „Sieh zu, dass du alles allein hinkriegst." Vielmehr lesen wir:

Zwei haben es besser als einer allein, denn zusammen können sie mehr erreichen. Stürzt einer von ihnen, dann hilft der andere ihm wieder auf die Beine. Doch wie schlecht steht es um den, der alleine ist, wenn er hinfällt! Niemand ist da, der ihm wieder aufhilft! Wenn zwei in der Kälte zusammenliegen, wärmt einer den anderen, doch wie soll einer allein warm werden? Einer kann leicht überwältigt werden, doch zwei sind dem Angriff gewachsen. Man sagt ja auch: „Ein Seil aus drei Schnüren reißt nicht so schnell!"

Prediger 4,9-12 (Hfa)

Zweitens wurde mir klar: Beziehungen auf Entfernung sind wertvoll, aber was wir brauchen sind Freunde, mit denen wir unser Leben öfter teilen können als einmal im Monat oder so. In meiner Trauer und meinem Bemühen, das Geschehene zu verarbeiten und das zu tun, was jeder Tag von mir verlangte, wurde mir rasch klar: Ich brauchte Freunde, Freundinnen vor Ort, nicht nur die lieben Menschen woanders, die ich anrief, wenn ich mit jemandem reden wollte. Ich brauchte Menschen, mit denen ich meinen Alltag teilen konnte, Menschen, die mich an meinen guten und an meinen schlechten Tagen erlebten und mit denen ich zusammen lachen und auch zusammen weinen konnte.

Und schließlich ließ mein Weg durch die Trauer mich erkennen, wie sehr die Menschen in meinem Umfeld mich beeinflussen, und das schenkte mir eine klarere

Perspektive dafür, wonach ich in einer engen Freundschaft suchte. Der Schmerz der Trauer macht sehr verletzlich und sensibel. Wenn Schmerz, Trauer, Angst oder Zorn es einem schwer machen, sich daran zu erinnern, was wahr ist, oder sich auf etwas anderes als sich selbst zu konzentrieren, kann die Haltung nahestehender Menschen helfen, uns aus dem Loch herauszuholen – oder sie kann uns noch tiefer ins Loch stürzen. Mir wurde klar: Ich musste mir Freunde suchen, die wie ich entschlossen waren, Gott zu vertrauen und mitten in Schmerz und Leid an seiner Güte festzuhalten. Ich wünschte mir Freundinnen, deren Leben sich um Gott und um ihre Mitmenschen drehte und die die Eigenschaften besaßen, die ich mir auch für mich wünschte: Empathie, Demut, Respekt und Hoffnung. Solche Frauen hatten mich schon immer angezogen, aber erst jetzt war ich bereit, meine Selbstzweifel zu überwinden und aktiv nach Freundschaften zu suchen.

Jetzt, wo ich dies schreibe, freue ich mich, sagen zu können: Ich habe in Sacramento neue Freundschaften mit einer Handvoll wunderbarer Frauen geschlossen. Diese Freundinnen sowie meine beste Freundin aus Redding waren und sind immer wieder höchst staunenswerte Antworten auf meine Gebete um gute Freunde und meine Hoffnung, Gemeinschaft zu finden. Alle haben die Eigenschaften, die ich oben beschrieben habe, aber sie sind alle völlig unterschiedlich und auch ganz anders als ich – und genau das liebe ich. Ich brauche Menschen um mich, die die Dinge anders sehen und anders sagen als ich – das hilft mir, meine Augen offen zu halten für Gott. Ich kann nur hoffen, dass wir in Zukunft noch enger zusammenwachsen und in Freud und Leid füreinander da sind.

Man darf ruhig wählerisch sein

Ich weiß: Manche Leute fühlen sich nicht wohl bei dem Gedanken, man müsse sich seine Freunde gut aussuchen. Es klingt ihnen zu exklusiv. Und das ist es auch! Aber wenn es darum geht zu entscheiden, wer uns wirklich aus der Nähe kennenlernen darf, ist ein wenig Exklusivität kein Schaden. Es ist sogar sehr angebracht und richtig, hier wählerisch zu sein. Wie eine Ehe, so ist auch eine Freundschaft eine Beziehung, in der es eine Herzensverbundenheit oder eine Seelenverwandtschaft gibt. Eine solche Beziehung zu einem anderen Menschen zu haben, bedeutet, dass man ihm in hohem Maß Zutritt zum eigenen Inneren gewährt und ihm gestattet, das eigene Leben zu beeinflussen. Die Bibel rät uns, in der Wahl unserer Freunde besonnen zu sein, weil Freunde uns nachhaltig beeinflussen:

Wer mit Weisen unterwegs ist, wird weise, wer mit Toren verkehrt, dem geht es übel.
Sprüche 13,20 (EÜ)

Befreunde dich nicht mit dem Jähzornigen, ver-
kehre nicht mit einem Hitzkopf, damit du dich
nicht an seine Pfade gewöhnst und dir eine
Schlinge legst für dein Leben.

Sprüche 22,24-25 (EÜ)

Schlechter Umgang verdirbt auch den besten
Charakter.

1. Korinther 15,33

Viele gläubige Christen haben ihren Glauben beschä-
digt oder im Leben faule Kompromisse gemacht, weil sie
enge Freundschaften mit Menschen eingegangen sind,
die nicht loyal zu Jesus stehen. Aber umgekehrt haben
auch viele gläubige Christen sich selbst geschadet, indem
sie versucht haben, ihren Weg allein und unabhängig zu
gehen! Und beides beweist: Wenn wir unseren Glauben
authentisch leben und der Wahrheit treu bleiben wollen, der zu folgen Gott uns berufen hat, dann müssen
wir uns bemühen, Freunde zu finden, deren Herz und
Wollen ebenfalls diesem Ziel gelten. Wir brauchen Menschen, die zu unserem Herzen reden können, die uns erinnern, wer wir sind, wenn wir es vergessen haben, und
uns Weisheit und Mut schenken können, wenn wir die
Herausforderungen des Lebens meistern müssen.

Alle, die mit Unsicherheit und Angst vor Zurückwei-
sung zu kämpfen haben und sich dadurch davon abhal-
ten, nach solchen Freundschaften zu suchen, kann ich
nur ermutigen: Gehen Sie damit zu Gott, bitten Sie ihn

um Heilung und um einige wirklich gute Freunde. Mir ist klar: Verletzungen in Beziehungen sind oft sehr tief und langwierig. Aber es sind umgekehrt gerade Beziehungen, durch die Gott uns dauerhaft Heilung und Gesundheit schenkt, einfach weil er uns so geschaffen hat: für Intimität und Verbundenheit mit ihm und mit anderen Menschen. Ich kann nur empfehlen, die guten Materialien zu nutzen, die es gibt, um zu lernen, wie man gesunde Beziehungen gestaltet. Der Klassiker *Nein sagen ohne Schuldgefühle* von Henry Cloud und John Townsend lohnt sich wirklich, genauso wie Danny Silks Buch *Lass deine Liebe an!*.

In Bezug darauf, was es bedeutet, eine gute Freundin zu sein und gute Freunde zu finden, bin ich noch immer eine Lernende. Aber ich habe ein paar Erkenntnisse gewonnen, die mir im Blick auf meine Beziehungen helfen. Es ist immer gut, das Beste von anderen zu halten und kein schnelles Urteil über den Charakter eines anderen zu fällen. Allerdings achte ich darauf, welche Grundhaltung jemand ausstrahlt und wie er mit anderen umgeht. Wird da über andere gelästert oder hört man nur Gutes über gemeinsame Bekannte? Ist jemand herablassend oder zeigt er Wertschätzung und Respekt für die Gedanken, Gefühle und Bedürfnisse anderer? Klagt jemand, wenn die Dinge nicht so laufen wie gewünscht, macht er Vorwürfe oder findet man bei ihm Vergebungsbereitschaft und Dankbarkeit? Zieht sich jemand in sich selbst zurück, wenn er unsicher ist, oder zeigt er anderen auch die eigenen Schwächen? Das sind die Fragen, die mir helfen zu entscheiden, ob ich jemandem mein Herz anvertrauen kann.

Ich bemühe mich außerdem, meinen Freunden so viel Verständnis, Barmherzigkeit und Vergebungsbereitschaft entgegenzubringen, wie sie hoffentlich auch für mich übrig haben. In jeder Beziehung gibt es auch Verletzungen und Enttäuschungen. Niemand von uns setzt jeden Tag die allerbeste Version von sich selbst an den Tisch. Aber wenn eine Freundin Probleme hat oder schwere Zeiten durchmacht, will ich das nicht zum Anlass nehmen, auf Abstand zu gehen, sondern ihr gerade darin nah sein, so wie Gott es auch mit uns macht. Wenn ich etwas vermassele, wendet er sich nicht ab; er weist mich liebevoll darauf hin, tröstet mich und hilft mir, die Scherben aufzuräumen. Das ist ein Freund, wie ich ihn brauche – und wie ich einer sein will.

10

Seine Geschenke
annehmen

Was du mir für mein Leben geschenkt hast,
ist wie ein fruchtbares Stück Land,
das mich glücklich macht.
Ja, ein schönes Erbteil hast du mir gegeben!
Psalm 16,6

Wenn wir einen Menschen verlieren, den wir lieben (und besonders, wenn ein Leben viel zu früh zu Ende ging), kann es passieren, dass wir bei jeder Erinnerung an ihn nur darüber nachdenken, was uns fehlt, was unwiederbringlich verloren ist, was nie sein wird. Wenn ich mir gestattet hätte, diesen Weg einzuschlagen, hätte ich mich in Fantasien über ein Leben mit Jet verlieren können, das wir nie haben würden. Ich hätte jeden Geburtstag, jedes Weihnachtsfest oder jedes andere Familienereignis davon überschatten lassen können, dass Jet nicht dabei ist. Ich hätte zulassen können, dass das, was mir genommen wurde, mir nun auch noch mich selbst raubte: mein Leben voller Freude, Hoffnung und Liebe.

Aber ich tat es nicht und werde es nie tun. Es gibt tausend Gründe dafür, aber letzten Endes laufen sie alle auf einen Grund hinaus: *Das Leben ist ein Geschenk.* Jedes Leben, mag es auch noch so kurz sein, ist eine gute Gabe eines guten Gottes und verdient es, dass man ihm mit Dankbarkeit und Ehrerbietung begegnet.

Jets Leben war ein Geschenk für uns. Ganz sicher werden wir ihn bei Geburtstagen, zu Weihnachten und Thanksgiving vermissen, aber wir werden daran denken, wo er ist – beim Vater, in der Freude. Und wir werden das Geschenk seines Lebens würdigen, indem wir das Geschenk unseres eigenen Lebens wertschätzen und unser Herz öffnen, um uns noch mehr beschenken zu lassen.

Relativ bald, nachdem wir uns von Jet verabschiedet hatten, begannen Chris und ich darüber zu reden, ob wir versuchen wollten, noch ein weiteres Kind zu bekommen. Der einzige Grund dafür, dass ich überhaupt darüber reden konnte, war ein kurzer Moment im Krankenhaus, nachdem man Jets Geburt eingeleitet hatte. Mitten in meinem Schock, meiner Trauer und meiner Sehnsucht nach meinem Sohn bemerkte ich überrascht noch eine andere Regung in mir: Mir wurde klar, dass ich weitere Kinder wollte. Um genau zu sein: Ich hatte das merkwürdige instinktive Gefühl, ich würde wieder schwanger werden – und zwar nicht nur ein-, sondern zweimal. Das überraschte mich umso mehr, als ich eigentlich beschlossen hatte, dass ich nur drei Kinder wollte. Zudem war ich noch völlig erschöpft von der Schwangerschaft mit Jet und ganz sicher nicht in der Stimmung, an eine neue Schwangerschaft zu denken. Aber ich konnte den Wunsch nach dem kostbaren Geschenk von weiteren Kindern genauso wenig abschütteln wie meine Überzeugung, dass sie uns geschenkt werden würden.

Acht Wochen nach Jets Beerdigung machte ich einen Schwangerschaftstest und erfuhr, dass ich mit unserem vierten Kind schwanger war. In den Monaten dieser Schwangerschaft – die mit dem Schreiben dieses Buches zusammenfielen – bin ich immer wieder in Situationen gekommen, in denen ich mich entscheiden musste, dankbar zu sein, meine Befürchtungen an Gott abzugeben, Kontrolle loszulassen und an der Hoffnung festzuhalten. Immer wieder muss ich ganz bewusst nicht nur zu dem neuen Leben in mir Ja sagen, sondern auch zu meinem eigenen Leben. Und vor allem muss ich darauf vertrauen, dass der Geber dieses Lebens gut ist, dass er nur gute Gaben gibt, dass er hält, was er zusagt, und dass er wusste, was er tat, als er jedem von uns das Leben gab, das wir haben.

Das eigene Leben annehmen

Aus irgendeinem seltsamen Grund gehört es für uns Menschen zum Schwersten, das Geschenk unseres eigenen Lebens anzunehmen. Selbst wenn wir bekennen, an Wahrheiten zu glauben, die unserem Leben den denkbar größten Wert verleihen – dass wir zum Ebenbild Gottes geschaffen sind, dass er in Christus den höchsten Preis bezahlt hat, um dieses Ebenbild in uns wieder hervorzubringen, und dass er uns bedingungslos liebt und sich an uns freut –, haben wir doch meist unsere Mühe damit, unser Denken und Tun mit diesen Wahrheiten in Einklang zu bringen. Die meisten Christen sind ziemlich gut darin (zum Teil besser als Nichtchristen), das eigene Leben durch die Brille von Scham, Schuldgefühlen und harten Urteilen zu betrachten.

Stellen Sie sich vor, Sie gehen in eine Kunstausstellung, sehen ein Gemälde und fangen sofort an, es zu kritisieren. „Also bitte. Das soll Kunst sein? Unfassbar. Es ist schrecklich. Auf den ersten Blick kann ich schon zehn Schwachstellen erkennen. Was für ein hässliches, wertloses Zeug – es gehört auf den Müll." Und im nächsten Atemzug schwärmen Sie für den Künstler: „Er ist ein echtes Genie. Macht tadellose Arbeit. Er kann einfach nichts schaffen, das nicht umwerfend und perfekt ist." Klingt ein bisschen verrückt, oder? Es kann nicht beides stimmen. Entweder irren Sie sich in Bezug auf das Kunstwerk oder Sie irren im Blick auf den Künstler.

Verrückterweise tun wir genau das, wenn wir Gott

dafür preisen, wie vollkommen und kreativ er die Welt gemacht hat, aber gleichzeitig den lieben langen Tag an uns selbst herummäkeln und uns heruntermachen. Können Sie sich vorstellen, wie sehr das Gott im Herzen trifft? Er sagt, alle seine Werke sind wunderbar und vollkommen, aber wir sind nicht in der Lage, dieses Kompliment für uns selbst gelten zu lassen.

Ein Teil des Problems liegt, glaube ich, darin, dass das, was wir in der Kirche „Demut" nennen, in Wirklichkeit geradezu das Gegenteil von Demut ist. Uns selbst zu entwerten und kleinzumachen, ist keine Demut – in seinem Ursprung ist es Unglaube, Götzendienst und Stolz. Das klingt vielleicht hart, aber es ist wahr. Es bedeutet nämlich, dass wir unsere eigene negative Sicht *über* Gottes Sicht stellen. Echte Demut dagegen verzichtet auf das Recht, sich selbst anhand von irgendetwas anderem zu beurteilen – sei es nun positiv oder negativ – als dem, was Gott sagt. Echte Demut glaubt Gott, wenn er sagt, dass wir in seinen Augen ohne Makel sind, völlig akzeptabel, rein, liebenswert und zutiefst geliebt. Echte Demut erkennt an, dass beides gut ist – der Geber und seine Gaben. Echte Demut freut sich unbefangen an den Gaben und gebraucht sie, um den Geber zu verherrlichen.

Es macht mich immer traurig, wenn Christen einander vorwerfen, jemand sei stolz oder arrogant, nur weil er oder sie das Geschenk des eigenen Lebens in irgendeiner Weise strahlen lässt. Für mich gibt es nichts Anziehenderes als Menschen, die wissen, dass sie schön und makellos sind – in Gottes Augen und in den Augen der

Menschen –, und die ihr Leben großzügig mit ihren Mitmenschen teilen.

Nachdem das gesagt ist, muss ich allerdings zugeben: Mir fällt es auch nicht immer leicht, mich täglich neu dafür zu entscheiden, mein Leben durch die Brille dessen zu betrachten, was Gott über mich sagt. Zum Glück hat Gott mir zwei Töchter geschenkt, die mich regelmäßig daran erinnern, was bei dieser Entscheidung auf dem Spiel steht, mich selbst und andere nicht herunterzumachen, sondern stattdessen zu der Wahrheit zu stehen, dass ich schön bin, ohne jeden Makel. Wofür ich mich entscheide, dafür werden sich auch meine Töchter entscheiden.

Etwa ab der Hälfte der neuen Schwangerschaft begann ich, mich mit meinem Körper unwohl zu fühlen. Ich hatte zwar nicht übermäßig zugenommen und hatte ja auch schon drei Schwangerschaften hinter mir, aber trotzdem war es nicht schön zu beobachten, wie mein ansonsten muskulöser, schlanker Körper (ich bin Pilates-Trainerin, wenn ich nicht gerade schwanger bin) immer mehr Kurven und Rundungen bekam, von Schwangerschaftsstreifen und Cellulitis ganz zu schweigen. Alle, die bereits Kinder geboren haben, werden verstehen, wie schockierend es sein kann, dass der eigene Körper so schnell so füllig werden kann.

Eines Tages war ich im Schlafzimmer und hatte schon einen ganzen Haufen Klamotten anprobiert, ohne etwas zu finden, was noch um meine aufgeblähte Taille oder meine Hüften passte, die über Nacht ebenfalls überproportional gewachsen zu sein schienen. Ohne dass es mir bewusst war, redete ich laut vor mich hin und klagte, wie unförmig ich mich fühlte: „Nichts passt mehr. Grrrr – mein Hintern ist viel zu dick für diese Shorts ... und seit wann habe ich so schwabbelige Oberschenkel?"

Plötzlich hörte ich hinter mir eine leise Stimme: „Dieses Kleid sieht blöd aus. Ich zieh was anderes an. In der Schule finden sie bestimmt auch alle, dass dieses Kleid doof an mir aussieht." Meine fünfjährige Tochter Ella hatte mein Gejammer mitbekommen, dass mir einfach nichts mehr passte oder stand. Und weil ich ihre Mama, ihr Vorbild bin, solidarisierte sie sich sofort mit meiner Unzufriedenheit und fing an, sich selbst herunterzumachen.

Es brach mir das Herz, dass meine eigene Tochter ihr hübsches Äußeres infrage stellte, nur weil ich mit mir selbst unzufrieden war. Augenblicklich zog ich mir das nächstbeste Kleidungsstück an, ohne noch einen Blick in den Spiegel zu werfen, hockte mich hin, um mit meiner entzückenden blauäugigen Prinzessin auf Augenhöhe zu sein, und beteuerte ihr, dass ihr Kleid absolut fantastisch aussah. „Es tut mir leid, Schatz", sagte ich, „dass ich so hässliche Sachen über mich gesagt habe. Die stimmen gar nicht. Ich weiß, dass ich schön bin, weil Gott mich absolut perfekt gemacht hat. Genau wie dich!"

Während ich diese einfache und kindgemäße Lektion erteilte, dass wir wunderbar gemacht sind, war mir völlig klar, dass ich diese Lektion genauso nötig hatte wie meine Tochter. Eigentlich bin ich überzeugt, dass wir sie

143

alle immer wieder hören müssen. Wir leben in einer Kultur, in der die Leute vor dem Spiegel stehen und an sich herummäkeln und sich dann umdrehen und Unmengen an Geld und Zeit darauf verwenden, sich selbst zu perfektionieren und jede Menge Likes in den sozialen Netzwerken zu erobern, nur um ihr Selbstwertgefühl zu pushen. Eine Trendwende können da nur Menschen bewirken, die in den Spiegel schauen, sich umdrehen und sagen: „Ich bin ein Geschenk und du bist auch eins. Lass uns dieses Geschenk voller Freude annehmen und es auch anderen voll Freude anbieten."

Die Wahrheit macht uns frei

Wenn wir das Geschenk unseres Lebens annehmen und den Geber ehren wollen, müssen wir dafür sorgen, dass seine Stimme die entscheidende Stimme in unserem Leben ist und dass seine Meinung über unsere Identität und unseren Wert entscheidet. Seine Meinung ist die einzig wahre Meinung und nur die Wahrheit kann uns frei machen, die zu sein, die zu sein wir geschaffen wurden, und das Leben zu leben, das er uns zu leben gegeben hat. Wenn wir unsere Identität von menschlichen Meinungen oder von den Umständen bestimmen lassen, werden wir nur unsere Unsicherheit und Abhängigkeit verstärken. Aber wenn wir nach seiner Meinung fragen, werden wir frei, ganz wir selbst zu sein, egal was andere denken oder wie sich die Umstände unseres Lebens gerade gestalten!

Zu den Geheimnissen, die wir gerade dann entdecken können, wenn wir einen Verlust verarbeiten müssen, gehört die Erkenntnis, dass gerade die schwierigen Umstände die besten Bedingungen bieten, um an Freiheit zu wachsen. In seinem Buch *Der Mensch vor der Frage nach dem Sinn* beschreibt Viktor Frankl, wie er Umstände überlebt hat, die die meisten Menschen wohl als das Schlimmste ansehen würden, was einem zustoßen kann. Frankl und seine Mitgefangenen waren im Konzentrationslager nicht nur physischem Mangel ausgesetzt, sondern mussten Erniedrigung, Entmenschlichung und andere Formen psychischer und emotionaler Traumatisierung erdulden. Und dennoch schreibt Frankl angesichts dieser Wirklichkeit: Gerade diese Umstände dienten ihm als ständige Gelegenheit, Gebrauch von dem Einzigen zu machen, was man ihm nicht nehmen konnte – seiner Freiheit:

Wer von denen, die das Konzentrationslager erlebt haben, wüsste nicht von jenen Menschengestalten zu erzählen, die da über die Appellplätze oder durch die Baracken des Lagers gewandelt sind, hier ein gutes Wort, dort den letzten Bissen Brot spendend? Und mögen es auch nur wenige gewesen sein – sie haben die Beweiskraft dafür, dass man den Menschen im Konzentrationslager alles nehmen kann, nur nicht die letzte Freiheit, sich zu den gegebenen Verhältnissen so oder so einzustellen. Und es gab ein „so" oder „so"! Und jeder Tag

und jede Stunde im Lager gab tausendfältige Gelegenheit, diese innere Entscheidung zu vollziehen,
die eine Entscheidung des Menschen für oder gegen den Verfall an jene Mächte der Unterwelt dar-
stellt, die dem Menschen sein Eigentliches zu rauben drohen – seine innere Freiheit – und ihn dazu
verführen, unter Verzicht auf Freiheit und Würde
zum Spielball und Objekt der äußeren Bedingungen zu werden.[13]

Wenn uns alles genommen wird, bleibt uns noch eins:
die Entscheidung darüber, ob wir uns von den Umständen bestimmen lassen oder von etwas anderem. Wir
müssen nicht erst die Haft in einem Konzentrationslager
erleiden, um die Gelegenheit zu haben, uns dafür zu entscheiden, kein „Spielball der Umstände" zu sein. Diese
Entscheidung können wir überall treffen, unter allen
Umständen – ob wir satt und zufrieden sind oder hung-
rig und traurig: die Entscheidung, uns von dem her zu
verstehen, was Gott sagt und über uns denkt, und unsere
Sicherheit allein in ihm zu finden.

Der Mantel der Gewissheit

Als Jakob seinem Sohn Josef einen bunten Mantel
schenkte, wollte er damit seine anderen Söhne nicht be-
schämen. Er schenkte den Mantel Josef, weil Josef Josef
war. Für Josef war er bestimmt, für keinen anderen. Es

war ein Zeichen, das besagte: „Ich sehe, wer du bist, und ich begünstige dich, weil du bist, der du bist."

Ich glaube, unser himmlischer Vater will uns etwas Vergleichbares schenken: *einen Mantel der Gewissheit,* der uns beständig erinnern soll: „Du bist erwählt. Du bist berufen. Du bist frei. Du bist geliebt. Du bist ganz und gar heil und gesund." Auf unserem Weg nach morgen, der ganz sicher genauso viele Überraschungen, Schocks und unerwartete Variablen bereithält wie Dinge, die wir geplant haben, müssen wir lernen, uns unter allen Umständen in diesen Mantel der Gewissheit zu hüllen, den der Vater uns schenkt.

Die beste Lektion, die ich in meinem ganzen Leben je gelernt habe, war die, nie zu vergessen, wer ich bin und dass ER mich erwählt hat. Mich an diese beiden grundlegenden Tatsachen zu halten, fügt die Puzzleteile jeder denkbaren Lebenssituation irgendwie zusammen – selbst wenn sie leidvoll ist oder uns etwas genommen wird. Ich kann die lieben, die Liebe nötig haben, weil ich weiß, dass ich selbst geliebt bin. Ich kann akzeptieren, dass mich Gott nicht straft, wenn etwas Schlimmes geschieht, und ich kann das auch anderen weitergeben, die sich nach einem tragischen Ereignis oder einem großen Kummer mit Selbstvorwürfen plagen. Ich kann Gott bedingungslos lieben, so wie er mich bedingungslos liebt – unabhängig davon, wie reich sein Segen fließt –, allein aufgrund des äußersten Geschenks seiner Liebe, das er mir in Jesus gemacht hat.

Alle Geschenke Gottes – das Geschenk unseres Lebens

eingeschlossen – sind Geschenke seiner Liebe. Jeder von uns ist aus einem einzigen Grund hier auf diesem Planeten: weil Gott uns liebt. Wahrscheinlich wird es mich nicht überraschen, wenn Gott, wenn ich ihm im Himmel einmal all meine Fragen vorlege, warum dies oder jenes passieren musste und anderes nicht, einfach antwortet: „Ich liebe dich." Und das wird völlig ausreichen.

Seine Liebe macht uns heil. Sie ersetzt jeden Verlust und vertreibt jede Angst. Weil Gott uns liebt, ist morgen kein Tag, den ich fürchte, sondern ein Tag, den ich mit offenen Augen erwarte. Was die Zukunft auch noch bringen mag: Ich will ihm so treu und verlässlich das Geschenk meines Lebens anbieten, wie er sich selbst mir angeboten hat.

Epilog

Den Augenblick
gut nutzen

Am Morgen des 16. September 2015 spürte ich eine Wehe. Ich registrierte, dass sie ziemlich heftig war. Aber kaum war sie vorüber, nahm ich sie nicht mehr ernst. Ich war in der 33. Schwangerschaftswoche (siebeneinhalb Monate) mit unserem vierten Kind, einem Mädchen, und hatte bereits einige „Übungs"-Wehen und andere Anzeichen gespürt, dass die Geburt nicht mehr lange auf sich warten lassen würde. Zwei Wochen zuvor war ich beim Arzt gewesen, um überprüfen zu lassen, ob die frühen Wehen Grund zur Besorgnis waren. Der Arzt hatte mir versichert, alles sei vollkommen normal. Wenn die Wehen stärker würden, sollte ich mich hinlegen und viel Wasser trinken, bis sich alles wieder beruhigte.

Ich gab Ella und Aria zu essen und zog sie an, packte sie in den Doppelkinderwagen und lieferte Ella zwei Straßen weiter in ihrem Kindergarten ab. Auf dem Rückweg spürte ich etliche Wehen. Zu Hause nahm ich mir ein großes Glas Wasser und kuschelte mich dann mit Aria auf die Couch, zuversichtlich, dass die Wehen abklingen würden.

Aber zwei Stunden später kamen die Wehen noch immer genauso heftig und im Abstand von drei bis fünf Minuten und langsam war ich beunruhigt. So starke Wehen zu einem so frühen Zeitpunkt hatte ich in keiner meiner Schwangerschaften gehabt. Ich ermahnte mich selbst, nicht in Panik auszubrechen, und beschloss, dass es das Beste sei, wenn ich auf der Couch liegen blieb – notfalls den ganzen Tag. Ich schickte meinem Mann eine Nachricht, erklärte, was los war, und bat ihn, nach Hause zu kommen. Ich wollte nichts im Haushalt erledigen, um die Wehen nicht zu verstärken.

Chris kümmerte sich um Aria, holte Ella später wieder aus dem Kindergarten ab und spielte Hausfrau, während ich auf der Couch lag. Aber der Tag verging, ohne dass die Wehen nachließen. Wir begannen zu beten, dass unser Kind sicher und gesund sei. Gegen zehn Uhr abends wurden die Wehen noch stärker und ich musste einsehen, dass wir wohl doch besser in die Klinik fahren sollten. Ich hatte den Gedanken den ganzen Tag von mir geschoben – ich wollte nicht schon wieder dort sein, nur um zu hören, dass alles normal sei und ich wieder nach Hause gehen sollte.

Wir begannen, ein paar Sachen für die Klinik zu packen, als mir plötzlich etwas bewusst wurde. Vor genau neun Monaten war ich ebenfalls in der 33. Woche schwanger gewesen, mit Jet. Und in dieser Woche war er in meinem Schoß gestorben.

Augenblicklich ergriff mich lähmende Angst. Ich sank zu Boden, brach in Tränen aus und zitterte vor Panik. Chris war sofort bei mir, wiederholte nur immer wieder ganz ruhig, mit unserem Kind sei alles in Ordnung, und betete um inneren Frieden. Allmählich beruhigte ich mich wieder und es gelang mir, in sein Gebet einzustimmen und zuzulassen, dass Gottes Friede mein Herz erfüllte. Schließlich riss ich mich zusammen, stand auf und machte mich fertig, um in die Klinik zu fahren.

Während der vierzigminütigen Fahrt hatte ich Mühe, tief zu atmen und meine Fassung zu bewahren. Flashbacks von der gleichen Fahrt vor neun Monaten ließen sich nicht vertreiben. In meinem Kopf schwirrten die schrecklichen Worte von damals und nahmen mir die Luft: *Ihr Baby hat keinen Puls.*

Wir erreichten die Klinik, steuerten auf die Entbindungsstation zu und ich machte mich darauf gefasst, dieselben Worte nun auch im Blick auf meine Tochter zu hören. Aber als ich da lag und die Schwester den Pulsmonitor anschloss, hörten wir das kräftige Herzklopfen unserer Tochter laut und deutlich. Freudentränen liefen mir über die Wangen und ich stieß einen abgrundtiefen Seufzer der Erleichterung aus.

Plötzlich hörte ich den Arzt, der mich untersuchte, sagen: „Die Füße kommen schon. Das Baby ist in Steißlage. Wir müssen sofort einen Kaiserschnitt machen."

Ich war verwirrt. *Was? Ich bin erst im siebten Monat.*

Ja, ich habe Wehen gehabt, aber doch nicht so stark wie bei einer Geburt. Wie kann es sein, dass das Baby schon kommt?

Völlig durcheinander fragte ich den Arzt, warum er einen Kaiserschnitt für nötig hielt, wo das doch erst die ersten Wehen waren. Er erklärte kurz, dass das Baby sehr klein sei und bei einer Steißgeburt die Gefahr bestünde, dass der Kopf abgedrückt würde. Mehr musste er nicht sagen. Ich flehte ihn an, sich zu beeilen und unsere Tochter zu holen.

Es brauchte fünfzehn Minuten, bis ich im OP war, eine Teilnarkose bekommen hatte und die Ärzte mit dem Kaiserschnitt beginnen konnten. Während ich wartete und die Prozedur beobachtete, hatte ich nur einen Gedanken: wie es sein würde, den ersten Schrei meiner Tochter zu hören. Davon hatte ich schon die ganze Schwangerschaft hindurch geträumt. Die Stille nach der letzten Presswehe bei Jets Geburt hatte auf eine Weise geschmerzt, die ich nicht beschreiben kann. Innerlich betete ich, dass ich noch einmal erleben durfte, wie eine weitere kleine Tochter ihren ersten Schrei ausstieß, mit Kraft und Leidenschaft.

Die Sekunden schlichen dahin, ich lag wie erstarrt da, hielt Chris' Hand umklammert und alles in mir lauschte, ob die Stimme meiner Tochter nicht schon zu hören war. Ich sehnte mich so sehr danach wie nach Sauerstoff. Aber die nächste Stimme, die ich hörte, war die des Arztes: „Wir haben sie! Wir bringen sie direkt auf die Intensivstation, um sie zu stabilisieren."

Einer der Ärzte verließ den Raum mit einem Bündel im Arm und ich drehte mich zu Chris um und drängte ihn: „Geh, geh, geh! Du musst bei ihr sein!" Ohne ein weiteres Wort eilte er dem Arzt nach und ich blieb auf dem OP-Tisch liegen, bis die Operateure den Schnitt genäht hatten. Wieder empfand ich die Stille als schmerzhaft und fragte mich, was sie bedeutete. Warum hatte mein Kind nicht geschrien?

Endlich, nach wohl über einer Stunde, kamen Chris und die Intensivschwester zurück in den OP und brachten mir unsere perfekte Tochter. Sie hatte die Augen geöffnet und starrte mich direkt an, aber sie gab keinen Laut von sich.

„Warum schreit sie nicht?", fragte ich verzweifelt.

„Es geht ihr gut", sagte die Schwester. „Sie ist einfach zufrieden."

Jetzt erst konnte ich mich entspannen und dann blickte ich direkt in die Augen eines Versprechens: Gottes Versprechen, unsere Tochter zu beschützen.

Wir nannten sie Liv Mercedes Quilala. Liv heißt „Leben" auf Norwegisch, „lebendig, voller Leben" auf Isländisch, „mein Gott ist ein Gelübde" auf Hebräisch und „Schutz" auf Altnordisch.

Liv wog bei ihrer Geburt nur knapp zwei Kilo. Die Ärzte teilten uns mit, sie müsse vermutlich etwa sieben Wochen auf der Intensivstation bleiben, bevor wir sie nach Hause holen konnten. Die Nachricht erschütterte mich, denn das bedeutete, ich würde mein Baby jeden Abend im Krankenhaus zurücklassen müssen – Eltern durften nicht über Nacht bleiben. Es brach mir das Herz, ohne sie nach Hause fahren und mit der Angst kämpfen zu müssen, ob sie es schaffen würde. Jede Nacht lag ich im Bett wach, betrachtete die leere Wiege daneben, betete und rief mir in Erinnerung, dass Gott versprochen hatte, unsere Tochter zu beschützen.

Aber schon bald verflogen meine Ängste und Freude und Hoffnung erfüllten mich. Ich konnte beobachten, wie meine geliebte kleine Liv große Entwicklungsschritte machte. Nach drei Tagen hörten die Phasen von verlangsamtem Herzschlag (unter 80 Schläge pro Minute) auf. Die meisten Frühchen haben solche Phasen noch Wochen nach der Entbindung. Nach nur 24 Stunden konnte die künstliche Sauerstoffzufuhr abgestellt werden. Und nach nur zwei Wochen intensiven Übens hatte Liv gelernt, an der Brust zu trinken, und brauchte keine Magensonde mehr.

Unsere Tochter verblüffte die Ärzte komplett. Nach nur sieben Tagen erklärten sie, es gebe keinen Grund, sie noch länger in der Klinik zu behalten. Gott hatte ein Wunder nach dem anderen getan, was ihre Fortschritte anging. Als unsere kleine Tochter nach Hause kam, war sie kräftig, gesund und quicklebendig – alles, was ihr Name besagt!

Das Herz eines Kämpfers

Das Glück über das kostbare, wunderbare Geschenk, unsere Tochter Liv Mercedes in unserem Leben zu haben, war größer, als Chris und ich uns je hätten vorstellen können. Nach dem Schmerz über den Verlust unseres Sohnes und zahllosen Entscheidungen, unser Vertrauen ganz auf Gott zu setzen, hatte er unseren Herzenswunsch erfüllt und seine unbedingte Verlässlichkeit, seinen Schutz und seine unerschütterliche Liebe zu uns bewiesen. Genau an die Stelle, an der mein Herz sich im Schmerz hätte verschließen können, brachte er nicht nur Heilung – er schenkte mir auch noch den starken Wunsch nach weiteren Kindern!

Wenn ich an die Zukunft denke – die Zukunft, in der ich meine drei Mädchen und alle anderen Kinder, die Gott uns noch schenkt, aufwachsen sehe, und die himmlische Zukunft, in der ich meinen Sohn wiedersehen werde –, dann empfinde ich nichts als Hoffnung und Verheißung. Der große Heiler der Herzen hat mich durch das Leid hindurchgetragen und wieder in die Freude finden lassen. Er wird mich auch durch alles hindurchtragen, was die Zukunft noch bereithält – und genauso Sie und jeden anderen Menschen, der ihm sein Vertrauen schenkt.

An den Schluss dieser Seiten möchte ich einen Brief stellen, den Chris und ich kurz nach dem Abschied von unserem geliebten Jet von Bill Johnson bekommen haben. In den Wochen und Monaten der Trauer haben seine Worte uns unschätzbar viel Kraft geschenkt. Jetzt, wo ich meine Tochter Liv im Arm halte, haben sie noch an Bedeutung gewonnen. Bill schrieb:

Lieber Chris, liebe Alyssa,
das Herz eines Kämpfers wird in der Gegenwart Gottes geformt, aber es bewährt sich in der Anfechtung. Der Kampf um das Leben eures Sohnes war eine solche Anfechtung. Ihr habt ihn beide auf nobelste und beeindruckendste Weise gekämpft. Ich bin so stolz auf euch und betrachte es als eine Ehre, dass ihr meine Freunde seid. Auch wenn wir uns gewünscht hätten, dass es anders ausgeht – die Ewigkeit ist die beste Investition. Es tut immer weh, wenn wir auf solche Weise Schätze in der Ewigkeit sammeln müssen. Aber gerade sie können unsere Liebe zum Himmel und unser Bewusstsein der Ewigkeit enorm vertiefen. Und das ist immer etwas Gutes.
Gott versteht Sieg anders als wir. Ein Sieg bemisst sich nicht immer danach, ob das Problem beseitigt werden konnte. Manchmal besteht er darin, dass wir nach großen Verlusten und Enttäuschungen von ganzem Herzen Gottes Angesicht suchen. So hat es David gemacht, als er seinen Sohn verloren hat. Er lobte Gott. Er wusste, dass Gott gut und treu ist und hat nicht zugelassen, dass sein Schmerz ihm diese Sicht verstellte. Und es war diese Lebenshaltung, die es David ermöglichte,

zu einem der größten Kämpfer in der Geschichte der Menschheit zu werden.

Ich durfte miterleben, wie ihr Gott in einem Augenblick die Ehre gegeben habt, in dem andere ihn anklagen oder bestenfalls nichts mehr mit ihm zu tun haben wollen. Ihr wart so weise, dieser Versuchung nicht zu erliegen, und ihn stattdessen zu preisen.

Das ist in der Tat ein seltenes Opfer. In der Ewigkeit werden wir keine Gelegenheit mehr haben, ihm ein solches Opfer zu bringen, denn dort gibt es weder Schmerz noch unbeantwortbare Fragen, noch Verlust. Ihr nutzt euren Augenblick gut. Gott wird euch das anrechnen.

Jethro im Arm zu halten, war eine der größten Auszeichnungen meines Lebens. Wir haben mit aller Kraft und voller Zuversicht auf Gottes Freundlichkeit gebetet – und nun bleiben wir mit einem Schatz zurück, der unterschätzt wird: das Mysterium. Weil Gott gut ist, können wir ihm auch vertrauen, wenn seine Wege geheimnisvoll sind.

Als wir zusammen waren, habe ich vor meinem inneren Auge ein Bild von Jethro im Himmel gesehen. Er war etwa vier oder fünf Jahre alt, hatte dunkle Locken und lief über ein Feld. Er lachte. Ich glaube, so wird er euch anschauen, wenn ihr ihm am Ende eures Lebens endlich begegnet. Ich weiß nicht, wie ich das theologisch einordnen soll, und auch nicht, ob das Bild konkret oder symbo-

lisch zu verstehen ist. Das spielt keine Rolle. Er ist jetzt zu Hause. Und eines Tages sind wir es auch. Danke für das Vorrecht, die Momente tiefsten Schmerzes mit euch zu teilen. Ich liebe euch sehr.
Bill

Von all den Gebeten, die ich gesprochen habe, während ich dieses Buch schrieb, ist mir eins am wichtigsten: dass meine Geschichte Sie auf irgendeine Weise ermutigt, *Ihren Augenblick gut zu nutzen.* Es mag ein Moment der Erfüllung sein oder ein Moment des Verlustes – wie Sie heute darauf reagieren, hat nicht nur Auswirkungen auf morgen, sondern auf die Ewigkeit.

Wollen Sie in diesem Moment Gott vertrauen und sich nach seiner Güte ausstrecken? Werden Sie zulassen, dass Gott das Herz eines Kämpfers, einer Kämpferin in Ihnen formt, ein Herz, das in seiner Gegenwart geformt wird und sich in der Anfechtung bewährt? Werden Sie ihn einladen, Ihr Morgen zu heilen, indem Sie ihm heute Ihr Leben als lebendiges Opfer schenken? Auf all diese Fragen antworte ich: Ja – von ganzem Herzen! Und ich hoffe, Sie tun es auch. Ich weiß: Gott wird uns nicht enttäuschen.

Anmerkungen

1 Viktor Frankl, *Der Mensch vor der Frage nach dem Sinn* (München: Piper, 1985), 173.

2 Ebd., 283.

3 Ally Condie, *Crossed* (New York: Penguin Young Readers Group, 2013), 21.

4 Horatio Spafford, „It is well with my Soul", 1873. Dt. Übersetzung Theodor Kübler, 1880; zitiert nach: http://www.liederdatenbank.de/song/1253; Zugriff am 10.1.2017.

5 Carter Beauford, Stefan Lessard, David J. Matthews, LeRoi Moore, Boyd Tinsley, Tim Reynolds, „My Baby Blue" (Beam ON Music, 2009).

6 Elisabeth Kübler-Ross, *Was der Tod uns lehren kann* (München: Knaur, 2010). Seitenzahl nicht zu ermitteln.

7 Mir ist bewusst, dass Tattoos unter Christen umstritten sind. Für manche fallen sie in die Kategorie, die 3. Mose 19,28 verbietet: „Ihr sollt ... an eurem Leibe keine Einschnitte machen noch euch Zeichen einätzen; ich bin der Herr" (L). Für andere, Chris und mich eingeschlossen, gehören Tattoos in eine Grauzone. Wir verstehen diesen Vers als Aussage über heidnische Rituale, die mit den Tattoos in unserer Gesellschaft wenig zu tun haben.

8 Anthony Skinner & Chris McClarney, „Your love never fails" (Thankyou Music, 2008; Out Of The Cave Music; Integrity's Alleluia! Music).

9 Jonas Myrin & Matt Redman, „10 000 Reasons"/„Zehntausend Gründe" (Thankyou Music, 2011; Said And Done Music;
sixsteps Music; SHOUT! Music Publishing; worshiptogether.
com songs). Deutsche Übersetzung von David Hanheiser &
David Schnitter.

10 Keith Getty & Stuart Townend, „In Christ Alone"/„In Christus ist mein ganzer Halt" (Thankyou Music, 2001; verwaltet
von SCM Hänssler). Deutsche Übersetzung von Guido Baltes.

11 „10 000 Reasons"/„Zehntausend Gründe".

12 „In Christ Alone"/„In Christus ist mein ganzer Halt".

13 Frankl, 171.